Iris Schürmann-Mock

Nudeln, Pommes –
und was sonst?

Iris Schürmann-Mock

Nudeln, Pommes –
und was sonst?

Gesunde Kinderernährung mit Spaß und Genuß
Mit pfiffigen Rezepten für groß und klein

Mit Illustrationen von Monica May

Kösel

ISBN 3-466-30404-0
© 1996 by Kösel-Verlag GmbH & Co., München
Printed in Germany. Alle Rechte vorbehalten
Druck und Bindung: Kösel, Kempten
Umschlag: Elisabeth Petersen, Glonn
Umschlagillustrationen: Monica May, München

1 2 3 4 5 · 99 98 97 96

Inhalt

Einleitung 7

Der gute Start 13

Säuglingsmilch 14 - Beikost 16 - Tabletten 19

Ernährung im Streit 21

Brauchen Kinder spezielle Kinderprodukte? 24 - Zusatzvitamine in Lebensmitteln – ist das nötig? 25 - Wie gesund sind Müsli-Riegel? 26 - Cornflakes oder keine? 26 - Was ist von Tiefkühlkost zu halten? 27 - Brauchen Kinder Fruchtsaftgetränke mit Calcium? 28 - Sind Kindertees heute unbedenklich? 28 - Jod oder nicht Jod? 29 - Muß man Fast Food verdammen? 29

Was Kinder brauchen 31

Kohlehydrate 36 - Fett 36 - Eiweiß 37 - Mineralstoffe 37 - Vitamine 37 - Brot und Getreide 38 - Gemüse 39 - Obst 44 - Milch und Milchprodukte 45 - Fleisch, Fisch und Eier 47 - Fette 48 - Getränke 49 - Wieviel Vollwert braucht das Kind? 52

Gesund ist mehr als Vitamine 55

Nitrat 55 - Pestizide 57 - Schwermetalle 58 - Lebensmittelzusatzstoffe und Aromastoffe 60 - Gen-Food 61 - Radioaktive Bestrahlung 63 - BSE 65 - EHEC-Bakterien 66 - Salmonellen 66 - Anders einkaufen – aber wie? 68

Täglich – aber nicht alltäglich 70

Rezepte und Tips für die Grundausstattung 73 - Gesund in den Tag 78 - Lob der Kartoffel 80 - Wenn's schnell gehen muß 84 - Milch-Mahlzeiten 91 - Keine Angst vor Getreide 94 - Gemüse, Gemüse, Gemüse 95 - Wie man Rohkost genießbar macht 99 - Fisch! Wieso Fisch? 102 - Fleischliche Gelüste 104

Die Lust am Laster 106

Vorbeugen 107 - Richtig einkaufen 108 - Versuchungen meiden 109 - Verstecktes aufspüren 109 - Manchmal sündigen 110 - Einteilen 110 - Gesünder naschen 111 - Süßes im Überblick 112 - Mogeln 113

Essen im Kindergarten: Zwischendurch ist alles drin 114

Extra-Tips für Eltern 117

Bunt ist gesund 118

Der grüne Tag 118 - Der gelbe Tag 120 - Der rote Tag 121

Freie Wahl den Hungrigen 126

Friede am Familientisch 128

Mit allen Sinnen genießen 131

Auch Feinschmecker fangen klein an 135 - Zu den Quellen! 140 - Auswärts essen 140

Kinder in die Küche! 143

Handwerkszeug für kleine Köche 144

Urlaub vom Eßtisch 149

Picknick 151 - Grillparty 152 - Fondues 153 - Geburtstagsessen 155

Gerichte und Geschichten 157

Frühstücken wie Pu's Freunde 58 - Heidis Käsebraten 159 - Peterchens Mondfladen 160 - Ein Menü vom kleinen Bären und dem kleinen Tiger 160 - Märchenküche 161 - Phantastische Küche 163

Der Geschmack der Kindheit 166

Ein jedes Fest hat auch sein Essen 167

Anmerkungen 170
Alle Rezepte auf einen Blick 173

Einleitung

Noch nie war es so einfach wie heute, Kinder gesund und schmackhaft zu ernähren. Die Regale in den Läden quellen über. Das ganze Jahr hindurch wird Obst und Gemüse in reicher Auswahl angeboten, frisch oder gut konserviert. Kühlung und andere technische Errungenschaften sorgen dafür, daß selbst Kleinkinder an den heißesten Sommertagen unbedenklich Milch trinken können. Und die meisten Familien sind finanziell so gestellt, daß sie sich jederzeit satt essen können. Wie kommt es dann, daß die Ernährungssituation sich nicht so verbessert, wie sie eigentlich sollte? Die Deutschen essen zu fett, zu süß, zu salzig, das stellt die Deutsche Gesellschaft für Ernährung alle vier Jahre wieder in ihrem Ernährungsbericht fest. Und speziell Kinder und Jugendliche leiden Mangel im Überfluß: Ihrer Nahrung fehlen zum Beispiel Calcium und Ballaststoffe.

Die meisten Eltern haben den Wunsch, ihre Kinder gesund zu ernähren. An der fehlenden Information kann es nicht liegen, daß sie das nicht schaffen. Ernährungsratgeber, insbesondere für die Kinderernährung, gibt es ausreichend. Eher schon hindert die Informationsflut, die kaum noch jemand übersehen kann daran, das Wesentliche zu erkennen. Aus allen Kanälen stürmen Werbebotschaften auf die Familien ein, häufig speziell auf Kinder zugeschnitten und von denen begeistert angenommen. Die Eltern zweifeln vielleicht am Wahrheitsgehalt, werden aber von einer Flut von Aussagen überschwemmt, denen sie sich kaum widersetzen können. Gesund, knakkig, lecker, wertvoll – da muß doch etwas dran sein!

Ernährungswissenschaftler und gut informierte Institutionen dringen mit ihrer Botschaft dagegen nicht so gut zu den Verbrauchern durch. Daran sind sie nicht ganz unschuldig. Denn statt gemeinsam praktikable Empfehlungen mit einer gewissen Spannbreite auszuarbeiten, verweisen sie lieber darauf, welche Fehler die Vertreter einer anderen Schule machen oder verschweigen ganz einfach, daß es auch noch andere Erkenntnisse als ihre eigenen gibt. Überschüttet mit widersprüchlichen Ratschlägen reagieren Eltern verständlicherweise verunsichert und klammern sich schlimmstenfalls an eine abstruse Außenseitermeinung, deren Vertreter mit wenig Basiswissen aber viel Überzeugungskraft auf sich aufmerksam machen.

Zu dem Informationswirrwarr kommt, daß man mit vielen Empfehlungen im Alltag wenig anfangen kann. Ein typisches Beispiel ist folgender Rat der Deutschen Gesellschaft für Ernährung für die Zusammensetzung einer Zwischenmahlzeit: 200 Kilokalorien, 6 Gramm Eiweiß, 7,5 Gramm Fett, davon die Hälfte in versteckter Form und 25 Gramm Kohlehydrate, und zwar möglichst in komplexer Form, zum Beispiel als Stärke, evtl. 5 bis 6 Gramm zugesetzter Zucker etwa als Brotaufstrich. Da überfällt den Durchschnittsleser schiere Hilflosigkeit. Auch eine Empfehlung wie diese, von den Verbraucherzentralen in einer Broschüre abgedruckt, wirkt nicht gerade erleuchtend: Zum Salat verwende man kaltgepreßte, nicht raffinierte Öle, Butter und nichtgehärtete Margarine sind als Streichfett geeignet, herkömmliche Öle benutze man bei einer Bratdauer bis zu 20 Minuten und Pflanzenhartfette bei allem, was darüber hinausgeht. Wissen Sie jetzt, in welches Fettnäpfchen Sie bei der nächsten Mahlzeit greifen sollen?

Was bei all diesen gutgemeinten und richtigen Ratschlägen zu kurz kommt, ist die tägliche Praxis. Sie gehen meist an der Realität vorbei. Man denkt beim Einkaufen und Kochen nun mal nicht an Eiweiß, Vitamine und Kohlehydrate, sondern an Käse, Gemüse und Nudeln. Und daran, was die Familie gerne mag, was man noch im Kühlschrank hat und wieviel Zeit heute zum Kochen bleibt. Häufig werden in solchen Ratgebern auch Rezepte abgedruckt. Nichts dagegen! Rezepte liefern konkrete Anhaltspunkte, geben Anregungen und helfen, die Frage zu beantworten, was man heute schon wieder auf den Tisch bringen soll. Leider entfernen sie sich aber häufig zu sehr von der eigenen Erfahrung. Wer stellt Grünkernbratlinge her, wenn er oder sie in ihrem bisherigen Leben noch nie von Grünkern gehört hat und Bratlinge höchstens als Frikadelle kennt? Wer läßt sich auf eine Zubereitungsart ein, bei der von den 18 geforderten Zutaten bestimmt neun nicht im Haus sind? Auch nach ausgeklügelten Tagesplänen kochen nur die wenigsten. Einfach deswegen, weil es ziemlich umständlich ist.

Also aufgeben und weiterwursteln? Oder sich zum Ernährungsfachmann bzw. zur -fachfrau ausbilden lassen? Beides ist nicht nötig. Denn all die Vitamine und Mineralstoffe und optimalen Eiweißkombinationen stecken schließlich auch nur in ganz normalen Lebensmitteln. Wenn man weiß, in welchen und wieviel man davon ungefähr braucht, dann ist der eigenen Kreativität keine Grenze gesetzt.

Kinderernährung ist keine Hexerei. Außer bei sehr kleinen Kindern unterscheidet sie sich in der Nährstoffzusammensetzung nur wenig von der Ernährung für Erwachsene. In anderer Beziehung dagegen sehr wohl. Wer für Kinder kocht, muß damit rechnen, daß es ihnen nicht schmeckt, daß die Zeit für die Herstellung der Speisen sehr knapp ist, daß Kleinkinder in der Küche herumwuseln, die beim Kochen beschäftigt werden müssen. All das kann leicht dazu führen, daß man sich irgendeinen kleinsten gemeinsamen Nenner sucht und das Angebot auf ein langweiliges, aber konfliktfreies Minimum herunterschraubt – Nudeln, Pizza, Hähnchen und Salat ohne Soße. Mit kleinen Kindern kann man eben nicht vernünftig essen.

Das wäre nicht nur schade, sondern auch schädlich. Zum einen käme die Abwechslung zu kurz, eine wichtige Voraussetzung für gesunde Küche. Vor allem aber würde Kindern dadurch der Zugang zu der wunderbaren Welt des Essens versperrt. Essen ist viel mehr als Nahrungsaufnahme. Es ist Sinnlichkeit, Erlebnis, Kultur, soziale Erfahrung. Und es ist Weitergabe von

Wissen. Denn was nützt das gesündeste Essen in der Kindheit, wenn die Jugendlichen später nicht einmal imstande sind, einen Kohlrabi zu schälen? Wer mit seinen Kindern auf den Markt geht und ihnen Küchentechniken vermittelt, gibt ihnen gleichzeitig einen Bezug zu den Lebensmitteln und dadurch Entscheidungskompetenz. Dazu gehört das Wissen, woher die Nahrung kommt, der bewußte Einkauf, das Erkennen von Qualität, die bestmögliche Vermeidung von Umweltbelastungen.

Es wird heute häufig bemängelt, daß Kinder keinen Zugang zur Arbeitswelt ihrer Eltern haben und daß sie handwerkliche Fertigkeiten, die sie als Erwachsene brauchen, nicht mehr vermittelt bekommen. Die Küche ist geradezu ein Biotop für gemeinsames Leben, Lernen und Arbeiten von groß und klein. Im Zeitalter von Fertigkost und Mikrowelle haben viele Eltern jedoch selbst vergessen, daß man eine Erdbeersoße auch aus Früchten zubereiten kann, wieviel Spaß es macht, in einem Teig herumzukneten oder welche Duftwolken aus einer gut gewürzten Gemüsesuppe steigen. Hier anzuregen, in Erinnerung zu rufen, neue Möglichkeiten zu zeigen, ist das Ziel dieses Buches. Es soll dazu beitragen, die Küche wieder als Lebensraum der Familie zu entdecken. Es soll anregen, die zeitgemäße Kombination aus Gesundheit und Genuß zu entdecken.

Dazu gehört natürlich auch Wissen. Deshalb werden zunächst aktuelle Informationen über gesunde Ernährung zusammengefaßt dargestellt, Streitfragen diskutiert und Ernährungsformen vorgestellt. Keine von ihnen wird jedoch als die einzig richtige in den Mittelpunkt gerückt. Es gibt verschiedene Wege, Kinder gesund zu ernähren. Und viel wichtiger, als ihnen von morgens bis abends kindgerechte Nahrung zu verabreichen, ist der gemeinsame Spaß am Kochen und am Essen.

Der gute Start

Aller Anfang ist schwer, das gilt auch für die Ernährung von Kindern. Während Kleinkinder nach dem ersten Geburtstag schon mehr oder weniger am Familientisch mitessen können, müssen für Babys zahlreiche Regeln beachtet werden. Ihr Verdauungssystem arbeitet sich erst nach und nach ein, ihr Geschmack entwickelt sich allmählich, und es gilt, durch die richtige Ernährung Krankheiten wie zum Beispiel Allergien vorzubeugen. Frauen, die stillen, haben es am einfachsten. Sie ernähren ihr Baby ein halbes Jahr lang vollwertig und geben ihm ein Maximum an Widerstandskraft mit auf den Weg. Alle, die sich mit diesem Thema näher beschäftigen wollen, finden umfangreiche Informationen im »Stillbuch« von Hannah Lothrop[1]. Was kann man jedoch Müttern empfehlen, die ihr Kind nicht stillen können oder wollen? Und wie sieht die Ernährung im zweiten Halbjahr des ersten Lebensjahres aus? Leider gehen auch bei der Babykost die Empfehlungen von Fachleuten zum Teil auseinander. Und der Kinderarzt ist nicht immer so kompetent in Ernährungsfragen, wie es wünschenswert wäre. Wir hatten zum Beispiel das Pech, an einen Kinderarzt zu geraten, der empfahl, spätestens nach drei Monaten Beikost mit dem Löffel zu füttern. Abgesehen davon, daß das in diesem Alter die falsche Nahrung ist, sind Säuglinge, wie der Name schon sagt, dazu anatomisch kaum imstande. Auch bleibt die Säuglingsernährung von Modeerscheinungen nicht verschont. »In den letzten zehn Jahren hat sich so viel geändert«, klagt eine Mutter. Als ihre ältere Tochter zwei Monate alt war, riet ihr der Kinderarzt, unbedingt mit Müsli zu beginnen. Derselbe Arzt warnte einige Jahre später eindringlich davor, den kleinen Sohn in den ersten sechs Monaten mit fester Nahrung zu versorgen.

Häufig wissen junge Eltern aus der Beobachtung heraus am besten, was ihr Kind braucht. Um ihnen mehr Sicherheit und – im Zweifelsfall – die Möglichkeit zur eigenen Entscheidung zu geben, möchte ich hier die wichtigsten Aussagen zur Babyernährung vergleichen, Übereinstimmungen herausstellen und Differenzen beschreiben.

Säuglingsmilch

Empfehlenswert
Wenn Sie Ihr Kind nicht selbst stillen können oder wollen, dann bietet sich als nächstbeste Möglichkeit industrielle Säuglingsmilch an. Sie ist weitgehend an die Muttermilch angepaßt. Alle Experten empfehlen, diese Nahrung genau nach den Herstellerangaben zu mischen, und das Baby nach Bedarf zu füttern. Es wird dabei satt und gedeiht. Unter- oder Überdosierungen werden vermieden.

Die Anfangsnahrung wird in zwei Zubereitungen angeboten:
1. Produkte, die als einziges Kohlehydrat Milchzucker enthalten. Sie wurden früher als adaptiert bezeichnet und sind heute an der Silbe PRE im Namenszug zu erkennen. Sie sind dünnflüssig wie die Muttermilch, reichen für das erste Halbjahr als einzige Nahrung aus und können bis zum ersten Geburtstag weitergefüttert werden.
2. Säuglingsanfangsnahrung »1« (früher teiladaptiert) wird von den Herstellern ebenfalls als Ernährung vom ersten Tag an propagiert. Sie kann neben Milchzucker auch andere Kohlehydrate wie Stärke oder Saccharose (Haushaltszucker) enthalten. Ihr Vorteil: Sie sättigt länger. Nach Meinung einiger Ernährungsexperten ist sie jedoch frühestens ab dem vierten Monat geeignet, außerdem verstärkt sie durch ihren Geschmack Babys Vorliebe für süße Nahrungsmittel unnötig.

Wenig empfehlenswert

Manche Eltern glauben, sie würden etwas besonders Gutes für ihr Kind tun, wenn sie seine Säuglingsmilch selbst herstellen. Das stimmt jedoch nicht. Die optimale Nährstoffzusammensetzung wird kaum erreicht, die Hygiene ist ein weiterer Risikofaktor. Deshalb verzichte ich auch darauf, ein Rezept für eine mögliche Mischung anzugeben.

Bloß nicht!

Hände weg von alternativen Ernährungsvorschlägen wie Mandelmilch oder Frischkornmilch. Mandelmilch enthält zu wenig Calcium, Frischkornmilch, die aus rohem gemahlenem Getreide und Rohmilch gemischt wird, überfordert das Verdauungssystem von Säuglingen völlig und kann durch eventuelle Krankheitskeime in der Rohmilch gefährlich werden. Außerdem kann das Getreideeiweiß Gluten, das in Roggen, Weizen, Gerste und Hafer vorkommt, bei manchen Säuglingen eine schwere Krankheit, die Zöliakie, hervorrufen. Sie äußert sich durch starken Durchfall, Erbrechen und extreme Gewichtsabnahme. Erst nach dem fünften Monat verläuft die Krankheit weniger schwer und kann leichter erkannt werden.

Umstritten

Leitungswasser oder Mineralwasser für die Zubereitung des Fläschchens? Im Prinzip sind sich die Experten darüber einig, daß das von der Schadstoffbelastung des Wassers abhängig gemacht werden sollte. Welche Belastung gemeint ist und wie hoch sie sein kann, darüber gehen die Meinungen allerdings auseinander. Die Deutsche Gesellschaft für Ernährung beispielsweise weist nur auf die für Säuglinge besonders gefährliche Nitratbelastung hin (siehe auch Kapitel »Gesund ist mehr als Vitamine«). Sie hält den gesetzlichen Grenzwert von 50 mg pro Liter für akzeptabel und empfiehlt Mineralwasser nur, wenn die Werte darüber hinaus gehen (Auskunft gibt das Wasserwerk)[2]. Für Säuglinge viel zu hoch, meint dagegen unter anderem die Verbraucherzentrale Hamburg. Sie hält gerade mal 10 mg pro Liter für wünschenswert. Die Verbraucherzentrale weist außerdem auf eine Reihe anderer möglicher und zum Teil bedrohlicher Belastungen des Trinkwassers hin. Wer darüber näheres wissen will, kann die Broschüre *Gesunde Ernährung von Anfang an*[3] bestellen oder sich bei der nächsten Verbraucherzentrale informieren.

Achtung: Nicht jedes Mineralwasser bekommt Babys. Das Wasser Ihrer Wahl muß auf dem Etikett den Hinweis »Geeignet für die Zubereitung von Säuglingsnahrung« haben.

Streitpunkt Nummer zwei betrifft die sogenannte Folgemilch »2«. Sie ist ab dem fünften Monat geeignet, meint zum Beispiel die Deutsche Gesellschaft für Ernährung.[4] Zwar entspreche sie kaum der Muttermilch, sei aber im Hinblick auf bestimmte Nährstoffe eher an den Bedarf des älteren Babys angepaßt als reine Kuhmilch. »Völlig überflüssig« urteilt dagegen u.a. die »Katalyse«, ein bekanntes Umweltforschungs-Institut. Sie beruft sich dabei auch auf die Ernährungskommission der Deutschen Gesellschaft für Kinderheilkunde. Ab dem siebten Monat seien Säuglinge imstande Kuhmilch zu verdauen.[5] Die Ernährungsfachleute der Verbraucherzentralen setzen noch eins drauf und wollen das »gezuckerte Trockenmilchpulver« auch wegen des hohen Preises im Laden stehen lassen.[6] Ab dem fünften Monat halten sie selbstgekochte Flaschennahrung für empfehlenswert, hergestellt aus Schmelzflocken, Hirseflocken oder babygerechten Vollkornmischungen. Wie man sich hier entscheidet, halte ich für eine Frage der persönlichen Vorlieben und des Geldbeutels.

Beikost

Empfehlenswert
Zwischen dem fünften und siebten Monat wird es Zeit für Babys, etwas Neues kennenzulernen. Die Nährstoffe aus Muttermilch oder Fläschchen reichen nicht mehr aus. Glücklicherweise sind sich die Experten im wesentlichen über diese sogenannte Beikost einig. Ich möchte deshalb stellvertretend einen Ernährungsplan wiedergeben, den das Dortmunder Forschungsinstitut für Kinderernährung ausgearbeitet hat. Andere Empfehlungen unterscheiden sich nur gering durch den Zeitpunkt, zu dem Fleisch bzw. Obst eingeführt wird, und durch die Häufigkeit der Mahlzeiten (vier oder fünf).

Der gute Start

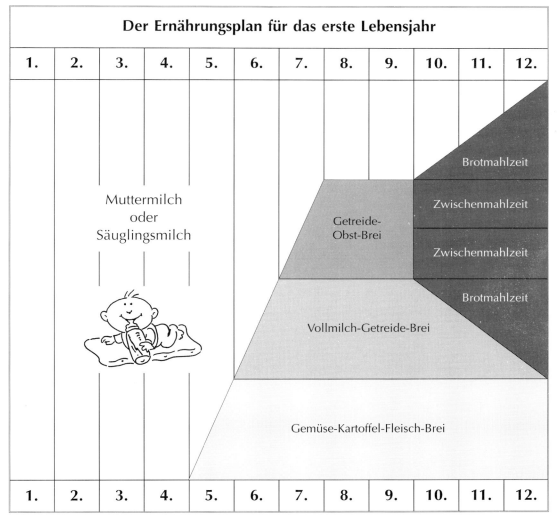

- 1. bis 4. Monat: Muttermilch oder Säuglingsmilch
- 5. Monat: Einführung des Gemüse-Kartoffel-Fleisch-Breis
- 6. Monat: Einführung des Vollmilch-Getreide-Breis
- 7. Monat: Einführung des Getreide-Obst-Breis
- ab dem 10. Monat: Einführung der Familienkost

Auch die Frage, ob man Beikost fertig kaufen oder selbst anfertigen soll, wird weitgehend der Entscheidung der Eltern überlassen. Wer auf Nummer sicher gehen will, füttert die ersten Gemüse aus dem Gläschen, da die Hersteller garantieren, daß ihre Produkte einen kontrolliert niedrigen Gehalt an Nitrat und anderen Schadstoffen haben. Allerdings sollte man beim Einkauf darauf achten, daß die Hersteller nur Rohstoffe aus kontrolliert ökologischem Anbau verwenden, und daß die Produkte frei von Zucker, Salz und anderen Gewürzen sind. Aktuelle Testergebnisse über einzelne Marken können Sie bei der nächsten Verbraucherberatungsstelle erfragen. Wer Gemüsebrei selbst zubereitet, muß unbedingt Gemüse verwenden, das nicht gedüngt und nicht gespritzt ist, also aus dem eigenen Garten oder aus ökologischem Anbau stammt.

Vom achten Monat an sollte man spätestens zum selbstgekochten Brei übergehen, der auch nicht mehr püriert, sondern nur noch zerdrückt wird. Vom zehnten Monat an nimmt das Baby mehr und mehr am Familienessen teil, das ihm allerdings im ersten Lebensjahr ganz ohne Salz und Gewürze serviert wird.

Nach dem ersten Geburtstag ist fast alles erlaubt, was schmeckt. Zurückhaltend sein sollte man lediglich mit Lebensmitteln, die stark blähen (Bohnen, Kohl), schwer verdaulich sind (fettes Fleisch oder fette Wurst) oder die klein und hart sind und beim Verschlucken leicht in die Luftröhre geraten können (Nüsse). Nähere Informationen enthalten die Broschüren *Gesunde Ernährung von Anfang an* und *Empfehlungen für die Ernährung von Säuglingen*[7+8].

In den ersten Monaten ist es nicht nötig, dem Baby zusätzlich zur Milch etwas zu trinken zu geben, es

sei denn bei Fieber oder großer Hitze. Mit dem Übergang zur festen Kost können ihm ungesüßter Kräuter- oder Früchtetee, aber auch Leitungs- bzw. Mineralwasser angeboten werden.

Bloß nicht!
Die Hersteller von Obstsaft oder Fertiggläschen wollen ihre Produkte verkaufen. Deshalb geben sie auf den Etiketten der Gläschen Empfehlungen (ab der sechsten Woche), die viel zu früh für Babys sind. Richten Sie sich nur nach dem oben aufgeführten Experten-Rat!

Tabletten

Empfehlenswert
Zum Aufbau von Knochen und Zähnen brauchen Babys Vitamin D, das mit Hilfe der Sonnenstrahlen in der Haut gebildet werden kann. Doch in unseren Breiten ist es dazu nicht immer sonnig genug. Deshalb wird allgemein empfohlen, zur Vorbeugung von Rachitis im ersten Lebensjahr täglich eine Vitamin-D-Tablette in etwas Wasser aufgelöst zu geben.

Umstritten
Eine besonders ärgerliche Kontroverse wird um die Fluoridtabletten ausgetragen, die zur Vorbeugung gegen Karies verabreicht werden. Befürworter und Gegner zeigen sich gegenseitig die Zähne und lassen die verunsicherten Eltern im Regen stehen. Ich stelle deshalb die Argumente beider Seiten ausführlich dar, denn in diesem Fall müssen die Eltern allein entscheiden. Die Deutsche Gesellschaft für Ernährung hält ebenso wie große Krankenkassen Fluoridpräparate für Säuglinge und Kleinkinder für unverzichtbar. Die Begründung: Sie härten den Zahnschmelz und machen den Zahn widerstandsfähiger gegen Karies. Die Mengen, die in den Lebensmitteln und im Trinkwasser vorhanden seien, reichten dazu nicht aus. Durch Fluorid können auch Zahnschäden entstehen, räumen die Befürworter ein, und zwar die sogenannte Schmelzfluorose, die an Flecken im Zahnschmelz erkennbar ist. Dies geschehe jedoch nur durch ständige erhebliche Überdosierungen.[9]

»Das ist falsch«, sagen Gegner der Präparate, zu denen unter anderem die Ernährungsfachleute der Verbraucherzentralen gehören. Sie halten die Spanne zwischen nützlicher und schädlicher Wirkung für besonders eng und weisen darauf hin, daß auch Knochenerkrankungen zu den Schäden gehören können. Ihr Hauptargument ist jedoch, daß Karies keine Fluormangelerkrankung ist, sondern auf zu hohen Zuckerverzehr und schlechte Zahnhygiene zurückzuführen sei. Die Gabe von Fluoridpräparaten oder von Kombinationspräparaten (Fluor und Vitamin D) sei daher der falsche Lösungsansatz und habe den unerwünschten Nebeneffekt, daß sich kleine Kinder an die ständige Einnahme von Tabletten gewöhnen.[10]

Die Entscheidung für oder gegen Fluoridpräparate kann ich Ihnen nicht abnehmen. Ich möchte aber nicht verschweigen, daß zögernde Eltern gelegentlich von Ärzten oder im Kindergarten unter Druck gesetzt werden, sich für die Tabletten zu entscheiden. Auch von Erzieherinnen habe ich gehört, daß sie wiederum von Vertretern einer Krankenkasse bedrängt wurden, sich pro Fluorid einzusetzen.

Ernährung im Streit

Über Geschmack läßt sich bekanntlich nicht streiten. Über die richtige oder angeblich richtige Ernährung dafür um so besser. Das liegt unter anderem daran, daß alle paar Jahre durch intensiven Forscherfleiß neue Erkenntnisse gewonnen werden. Was gestern noch als gesund galt, ist morgen megaout. Dabei werden in der Tat wichtige Fortschritte erzielt. Kein Mensch käme heute mehr auf die Idee, kleinen Kindern Alkohol als Grundnahrungsmittel anzubieten. Noch vor knapp 300 Jahren war das die Regel, wie Cornelia Julius in einem Buch über das Leben einer Kaufmannsfamilie um 1700 schreibt: »Sobald die Kinder der Brust entwöhnt waren, erhielten sie bereits morgens gesüßtes und verdünntes Bier oder Wein zu trinken. Damit wurden sie früh an die Getränke gewöhnt, die für alle üblich waren.«[11] Andere Ernährungssünden waren noch vor wenigen Jahrzehnten gang und gäbe. Zwar wußte man in den 50er Jahren schon, daß es empfehlenswert ist, Gemüse zu essen. Doch wurden meistens die Vitamine in reichlich Salzwasser weggekocht.

Außerdem findet man in den Kochbüchern jener Zeit die Empfehlung, das fertige Gemüse mit viel Fett anzureichern.

Heute haben Ernährungswissenschaftler aufs Gramm genau ausgerechnet, wieviel Sojaöl an die Salatsoße eines Vorschulkindes gehört. Und wer ein Schweinekotelett ißt, das mit Knochen etwa 150 Gramm wiegt, verzehrt damit gleichzeitig 16 Gramm Eiweiß, 2,2 mg Eisen und 1 mg Vitamin B1.

Wenn man jetzt noch weiß, wieviel Eiweiß, Vitamin B1 und Eisen man täglich braucht, kann man also entsprechend viele Schweinekoteletts essen, um sich gesund zu ernähren ... Ja, von wegen. Während die einen Fleisch ungehemmt als ein Stück Lebenskraft preisen, bekommen die anderen Pickel, wenn sie nur das Wort hören. »Manchmal Fleisch ist in Ordnung«, sagen wieder andere, »aber es muß von ökologisch arbeitenden Landwirten bzw. aus artgerechter Tierhaltung kommen.« »Fleisch ist unverzichtbar«, melden sich ganz andere, »denn das Eisen aus tierischen Lebensmitteln wird am besten vom Körper verwertet.« »Stimmt ja so auch nicht«, meinen noch andere, »wenn man gleichzeitig Vitamin-C-reiche Lebensmittel ißt, kann pflanzliches Eisen besser ausgewertet werden.« Eisen? Wieso Eisen? staunen die Verfasser des Buches *Prost Mahlzeit! Krank durch gesunde Ernährung*. »Menschen mit erhöhtem Eisenspiegel erkranken eher an Infektionen. Könnte es nicht sein, daß der Körper sich dagegen wehrt, zuviel Eisen zu bekommen?«[12] Und so weiter und so weiter.

Die Fleisch-Fehde ist nur einer von zahlreichen Streitpunkten. Jod oder kein Jod, Fluor oder kein Fluor, viel Salz, wenig Salz, kein Salz, Butter oder Margarine. Könnte es nicht sein, liebe Ernährungswissenschaftler, daß Euch manchmal mehr daran liegt, im Gespräch zu sein als die unwissende Bevölkerung wirklich aufzuklären? Vor diesem Schlachtfeld ist es nicht verwunderlich, daß die Botschaften nicht so recht ankommen. Davon profitieren vor allem die Hersteller von Fertigprodukten mit ihren unkompliziert erscheinenden Lösungen. Immerhin hat die Werbung ihre Zielgruppe heute so gut im Griff, daß kürzlich jedes dritte Kind bei einem Versuch Kühe lila anmalte, selbst wenn es in einer ländlichen Umgebung täglich schwarze, braune und gescheckte sah.

Abgesehen vom Streit um Einzelfragen, liegen die Verfechter unterschiedlicher Ernährungsweisen seit Jahren traditionell miteinander im Streit um das wirklich wahre Konzept. Ich will hier gar nicht von alternativen Formen wie zum Beispiel der Makrobiotik reden. Solche Lehren haben und hatten schon immer ihre Anhänger, meist bleiben sie eine Minderheit. Für viel schädlicher halte ich eine Auseinandersetzung, die in der jüngsten Zeit hohe Wogen schlägt. Mit einer Verbissenheit, als würde hier um die letzten Marktanteile gerungen, wird der Begriff »vollwertige Ernährung« umkämpft. »Die sogenannten › Vollwertköstler‹ , die uns Körner, Frischkornbrei und allerlei andere, vor allem ›naturbelassene‹, nicht verarbeitete Lebensmittel andienen wollen, sehen die Ernährung durch eine gefärbte Brille, die alles abwertet, was nicht mehr ursprünglich ›Natur‹ ist. Diese Sichtweise ist wissenschaftlich unhaltbar, sie ist bestenfalls eine Weltanschauung«, wetterte jüngst der Leiter der Forschungsstelle für Ernährung an der Universität Göttingen.[13] Die einzig wahre Ernährung wird nach seiner Aussage von der Deutschen Gesellschaft für Ernährung empfohlen. Nun bin ich weder ein Vollwertköstler noch ein Ernährungswissenschaftler. Als interessierter Laie weiß ich jedoch, daß es neben der Vollwertkost auch noch die Vollwert-Ernährung gibt, eine Form, die durchaus offiziell anerkannt ist. Im Ernährungsbericht der Deutschen Gesellschaft für Ernährung (DGE) aus dem Jahr 1992 heißt es: »Es ist jedoch unbestritten, daß die Vollwert-Ernährung nach der Gießener Konzeption zu einer befriedigenden Bedarfsdeckung mit essentiellen Nährstoffen führen kann und eine konsequente Befolgung der ernährungsphysiologischen Empfehlungen der Vollwert-Ernährung zu ähnlich günstigen Ergebnissen führt wie andere gesundheitsbewußte Ernährungsformen.«[14] Für den Bericht verantwortlich zeichnete ausgerechnet jener Leiter der Göttinger Forschungsstelle für Ernährung, der damals noch Präsident der DGE war. Was – frage ich mich vor diesem Hintergrund – soll dieser Mumpitz? Wäre es nicht redlicher, verunsicherte Eltern darauf hinzuweisen, daß es verschiedene Methoden gibt, Kinder gut zu versorgen? Solange das nicht geschieht, werden immer wieder Außenseiter Erfolg haben, wenn sie zum Beispiel publicitywirksam Erkenntnisse der Ernährungswissenschaft durch den Kakao ziehen. So geschehen in dem schon eben erwähnten Buch *Prost Mahlzeit!* Mit geschickt zusammengestellten Fakten rüttelt das Autorenteam an den Türmen der Ernährungswissenschaft, zeigt deren Widersprüche und Mängel auf und kommt zu dem Schluß: Erlaubt ist, was gefällt! Die Botschaft fällt ein bißchen simpel aus angesichts der Häufigkeit von ernährungsbedingten Krankheiten. Es gibt eine Reihe von gesicherten Erkenntnissen und es ist durchaus sinnvoll, sie für die Ernährung in der Familie zu nutzen.

Ich werde im nächsten Kapitel die beiden heute führenden Ernährungsmethoden vergleichend vorstellen. Es handelt sich dabei einmal um die Empfehlungen, die von der Deutschen Gesellschaft für Ernährung zusammen mit dem Dortmunder Forschungsinstitut für Kinderernährung gegeben werden, zum zweiten um die Vollwert-Ernährung nach der sogenannten Gießener Konzeption von Professor Leitzmann u.a. Jeder, so meine ich, sollte die Möglichkeit haben zu wählen, welches Konzept oder welche Mischung er am besten mit seiner Lebensform vereinbaren kann, was ihm am besten schmeckt und was seine Phantasie am meisten anregt.

In diesem Kapitel geht es darum, besonders umstrittene Einzelfragen so zu beantworten, daß Eltern im Einzelfall eine verantwortungsbewußte Entscheidung treffen können.

Brauchen Kinder spezielle Kinderprodukte?

Nein – und damit wäre die Frage eigentlich beantwortet. Das Problem ist nur, daß Kinder da anderer Ansicht sind. Auch viele Eltern meinen, ihren Kindern mit speziellen Kinderprodukten etwas besonders Gutes zu tun. Das Institut für angewandte Verbraucherforschung hat festgestellt, daß 36% aller Eltern davon überzeugt sind, spezielle Kinderprodukte seien für Kinder besser geeignet als Normalprodukte. Dazu die Verbraucherzentrale Bayern: »Kinder-Lebensmittel sind nicht nur überflüssig, sondern enthalten auch zuviel Zusatzstoffe und werden in umweltbelastenden Minipacks angeboten.« Hier die Bewertung der Verbraucherzentrale im einzelnen:

- Bei Kinderprodukten aus Schokolade wird vor allem der Milchzusatz gepriesen, obwohl der bei einer Milchschnitte nicht mehr ausmacht als ein Eßlöffelchen. Auch bei Kinderschokoladen ist der Milchanteil kaum größer als bei einer guten Milchschokolade.
- Nußnougatcremes sind in erster Linie Kalorienbomben. Die ausgelobten Mineralzusätze sind vergleichsweise unerheblich. Frühstückssnacks wie Cornflakes und andere quietschsüße Getreideprodukte dieser Art sind meist mit Vitaminen und Mineralien aufgepeppt, ohne dem guten alten Müsli mit Milch, Joghurt und Obst das Wasser reichen zu können.
- Kinderdesserts aus Quark oder Joghurt sind ebenfalls meist übersüßt. In einem Becher Kinderjoghurt können acht Stückchen Würfelzucker versteckt sein, noch zwei mehr als in normalem Fruchtjoghurt.
- Kinderprodukte aus Schmelzkäse enthalten Phosphat, das im Verdacht steht, die Konzentrationsfähigkeit zu stören und die Calciumaufnahme

zu vermindern. Käsezauber aus der Tube mit Abbild von Tom und Jerry kostet zudem noch knapp 60% mehr als normaler Schmelzkäse.
- Nudelgerichte für Kinder enthalten Geschmacksverstärker, die Kopfschmerzen auslösen können. Außerdem reizen die schlabbrigen Nudeln aus der Dose nicht zum kräftigen Reinbeißen, was für Zähne und Verdauung wichtig wäre.
- Kindliche Mini- und Extrawürste unterscheiden sich nur durch Größe und Aufmachung von normaler Salami, deren Fettgehalt bei 50% liegt.

Fazit: Von besseren Lebensmitteln kann gar keine Rede sein. Kinder brauchen sie im Sinne einer ausgewogenen Ernährung auch nicht. Was die Verbraucherberater nicht berücksichtigen ist, daß sie sie gern mögen. Deshalb sollte man von Zeit zu Zeit auf diese Vorlieben eingehen und das beste daraus machen. Immerhin kriegt man unter einer dünnen Schicht Nuß-Nougat-Creme problemlos ein Vollkorn-Brot in ein Kind hinein.

Zusatzvitamine in Lebensmitteln – ist das nötig?

Vitamine in Limonade, Bonbons, kakaohaltigem Getränkepulver oder Salatdressings – es gibt scheinbar nichts, was sich nicht noch durch Vitamine veredeln ließe. Ist das nötig? Nein, sagen die Ernährungswissenschaftler. Eine abwechslungsreiche, ausgewogene Ernährung versorgt Kinder mit allen wichtigen Vitaminen. Betrachtet man das Angebot, stellt man außerdem fest, daß häufig ernährungsphysiologisch schlecht bewertete Produkte durch Vitamine aufgemotzt werden. Süße Limonade und Bonbons werden durch Vitamine nicht gesünder. An den Wert von Obst, Gemüse, Milch, Milchprodukten und Vollkornerzeugnissen kommen sie nicht heran. Problematisch ist außerdem, daß einige Vitamine in sehr hohen Mengen schaden. Die Vitamine A und D werden beispielsweise vom Körper gespeichert. Unkontrollierte und zu hohe Dosen von Vitaminpräparaten und angereicherten Nahrungsmitteln können zu Überdosierung führen. In Zweifelsfällen, also zum Beispiel bei Krankheiten, bei Unverträglichkeiten von bestimmten Lebensmitteln oder wenn man aus anderen Gründen eine Unterversorgung fürchtet, sollte eine Ernährungsberatung befragt werden.

Wie gesund sind Müsli-Riegel?

Karies statt Kraft knuspern die Kinder in sich hinein, wenn sie den Müsli-Riegel als Pausensnack oder Zwischenmahlzeit wählen. Nach Untersuchungen der Zeitschrift *Öko Test* sind sowohl der Zucker als auch der Fettgehalt zu hoch, so hoch, daß man die Riegel eigentlich nur als Süßigkeit bewerten kann. Der AID-Verbraucher-Dienst kommt zu dem Schluß, daß die Milch- und Getreideanteile dagegen äußerst mager ausfallen.

Cornflakes oder keine?

Vor 100 Jahren gründete ein magenleidender Rechtsanwalt, der Amerikaner Henry D. Parky, die erste Fabrik für eßfertiges Frühstücksgetreide. Eine verbesserte Ausführung der Weizenflocken brachte fünf Jahre später William Kellogg unter dem Namen Cornflakes auf den Markt. Es handelt sich um Maisflocken, die unter Zusatz von Malz, Zucker und Salz aus besonders vorbereiteten Maiskörnern hergestellt werden. »Cornflakes ergeben mit Zucker und Milch eine gesunde nahrhafte Speise«, meint *Das neue Küchenlexikon*[15]. In dem Buch *Prost Mahlzeit* wird allerdings ein ziemlich unappetitlicher Versuch mit Ratten dargestellt, denen man 45 Tage lang ausschließlich Cornflakes gegeben habe. Sie seien nach dieser Zeit dem Tode nahe gewesen und hätten an Fettlebern, Anämie und Bluthochdruck gelitten.[16] Was lernen wir daraus? Daß man Kinder besser nicht 45 Tage lang ausschließlich mit Cornflakes füttern soll! Eine Erkenntnis, die uns wahrscheinlich auch ohne dieses Buch gekommen wäre. Ernsthaft zu bedenken ist allerdings, daß Cornflakes sehr zuckerhaltig sind und daher eher Ausnahme als Regel sein sollten. In Reformhäusern gibt es zuckerfreie Produkte. Manche davon sind mit Honig gesüßt, was allerdings kein großer Gewinn ist.

Was ist von Tiefkühlkost zu halten?

Das kommt darauf an, welche Tiefkühlkost gemeint ist. Für Obst und Gemüse ist diese Methode der Haltbarmachung gut geeignet, da die Nährstoffe dabei weitgehend erhalten bleiben. In puncto Vitamingehalt schneidet Tiefkühlware manchmal besser ab als Gemüse im Geschäft, das seine besten Zeiten nach ein paar Tagen Lagerung eindeutig hinter sich hat. Allerdings müssen die Produkte in den Truhen sachgerecht gelagert werden, das heißt, nicht über die Stapelgrenze hinaus und bei Temperaturen von mindestens -18° C. Die Tiefkühlung darf auf dem Handelsweg nicht unterbrochen worden sein. Bei einigen Nahrungsmitteln, wie Erbsen, Suppengemüse und Beeren, kann man das prüfen: Wenn man die Packung schüttelt, müssen sie klappern. Tiefkühlkost sollte man immer zuletzt einkaufen, damit sie auch auf dem Weg nach Hause nicht zu lange in die Wärme kommt. Die Nährstoffe bleiben am besten enthalten, wenn diese Nahrungsmittel schnell aufgetaut werden. Die meisten Sorten können noch tiefgefroren in kochendes Wasser gegeben werden.

Viel kritischer bewertet werden andere Produkte, die aus der Kälte kommen. Gemeint sind Pommes frites, Pizza oder Fertiggerichte. Sie sind auf Dauer nicht geeignet, frisch zubereitete Speisen zu ersetzen, da sie oft große Mengen Zucker, Fett und Salz und auch eine Reihe von Zusatzstoffen wie Geschmacksverstärker oder Aromastoffe enthalten. Umweltschützer wenden gegen Tiefkühlen ein, daß die Methode sehr energieaufwendig ist.

Brauchen Kinder Fruchtsaftgetränke mit Calcium?

Kinder brauchen Calcium, das ist klar. Für die Knochenbildung und den Aufbau der Zähne sind Mengen erforderlich, die – wie Untersuchungen ergaben – bei weitem nicht erreicht werden. Da Calcium den Getränken in Form von gesundheitlich unschädlichen Verbindungen wie Calciumcarbonat (in Verbindung mit Apfel- und Zitronensäure) zugesetzt wird, ist die Versuchung groß, auf diese leicht zugänglichen Spender zurückzugreifen. Die Ernährungsexperten der Verbraucherzentrale Bayern halten trotzdem nichts von diesen Durstlöschern. Ihre Argumente: Erstens handelt es sich bei ihnen nicht um Säfte, sondern um Fruchtsaftgetränke mit einem Saftanteil von 35 bis 50 Prozent. Zweitens sind sie mit Cyclamat und Saccharin gesüßt. Da letzte Zweifel an der Unbedenklichkeit dieser Süßstoffe nicht ausgeräumt sind, sollte man sie bei der Kinderernährung vorsichtshalber weglassen, da sie das Getränk zudem viel zu süß machen. Außerdem steht der Trend zur Nährstoffanreicherung dem Vollwertgedanken entgegen. Solange es auch Lebensmittel gibt, die den Bedarf decken, sollten sie bevorzugt werden. Mit einem halben Liter Milch und 50 Gramm Emmentaler läßt sich der Calciumbedarf von älteren Kindern genauso gut decken. Sinnvoll ist eine Zugabe von Calcium allenfalls bei Unverträglichkeit von Milch und Milchprodukten. Dann aber nur nach einer Ernährungsberatung.

Sind Kindertees heute unbedenklich?

Kindertees haben jahrelang die Gerichte beschäftigt. Kein Wunder, denn nicht wenige Kinder haben sich durch die Dauernuckelei an ihnen das Gebiß ruiniert, noch ehe sie das Wort aussprechen konnten. Inzwischen müssen Warnhinweise aufgedruckt werden, und ein Hersteller wurde zur Zahlung von Schmerzensgeld verurteilt, weil auf seiner Ware der Hinweis fehlte. An der Zusammensetzung der Tees hat sich dadurch wenig verändert. Noch immer bestehen sie hauptsächlich aus verschiedenen Zuckerarten. Alternativ dazu werden zuckerfreie Tees auf Eiweißbasis angeboten. Dadurch kann jedoch bei allergiegefährdeten Kindern das Risiko einer Erkrankung wachsen. Am besten ist deshalb: selber kochen. Gut geeignet sind Kräuter und Früchtetees wie Fenchel-, Hagebutten-, Anis- oder Malventee.

Jod oder nicht Jod?

In seltener Einigkeit setzen sich die Deutsche Gesellschaft für Ernährung und die Vertreter der Gießener Vollwert-Schule für den Gebrauch von Jodsalz ein. Deutschland ist ein Jodmangel-Gebiet, sagen sie. Deshalb gehören zur Verhütung von Schilddrüsenerkrankungen regelmäßig Seefisch und jodiertes Speisesalz auf den Tisch. Doch aus alternativen Kreisen wird diese Aussage heftig angegriffen. Zum Teil werden Überdosierungen befürchtet, wenn dieses Salz auch bei der Lebensmittelherstellung verwendet wird. Zum Teil wird die These vom Jodmangel-Gebiet in Frage gestellt. Reihenuntersuchungen aus der jüngsten Zeit bestätigen jedoch die Defizite. Selbst vorsichtige Befürworter weisen darauf hin, daß die Spanne zwischen Bedarfsdeckung und Überdosierungen sehr breit ist. Wünschenswert ist eine Deklarationspflicht, um Allergiker zu schützen. Bisher müssen sie sich damit behelfen, selbst nachzufragen.

Muß man Fast Food verdammen?

Das hätte sich die gute alte Bulette nicht träumen lassen, daß sie einmal so im Mittelpunkt des Interesses stehen würde. Seit sie Hamburger heißt und in speziellen Restaurants verkauft wird, haben sich die gelehrtesten Herrschaften mit ihr beschäftigt. An Fast Food scheiden sich die Geister. Die einen sehen in dieser Form des Essens den Untergang des kulinarischen Abendlandes. Die anderen befürchten den ökologischen Kahlschlag durch Rinderzucht und Einweggeschirr. Und während manche Ernährungsaufklärer Fast Food und Fehlernährung für austauschbare Begriffe halten, huldigen andere dem Zeitgeist und picken sozusagen die Rosinen aus dem Schnellfutter: immerhin sei dort alles frisch und hygienisch, schreiben sie, das Rindfleisch schön mager, der Salat knackig, die Milchmixgetränke süß, aber doch auch calciumhaltig. Man reibt sich die Augen. Kinder müssen nicht dazu ermuntert werden, Fast Food zu verdrücken. Sie tun das sowieso irgendwann. Und Eltern werden um den Besuch einer Pommes-frites-Verzehr-Stätte nicht herum kommen, wenn sie so klug sind mitzugehen. Wir waren auch da, zwei oder dreimal (ganz ohne schlechtes Gewissen übrigens). Dann fand meine Tochter, daß wir viel spannendere Restaurants kennen.

Was Kinder brauchen

Im alten Irland wußte man genau, was Kinder brauchen. In einem Gesetzestext aus dem 8. Jahrhundert wird unter anderem vorgeschrieben, wie Kinder, die in Pflege gegeben werden, ernährt werden müssen: »Die Kinder der unteren Schichten bekommen gerade ausreichend viel Brei aus Hafermehl und Buttermilch oder Wasser, zu dem alte Butter gegeben wird. Die Söhne der Oberschicht bekommen Brei satt, aus Gerstenmehl und frischer Milch, dazu frische Butter. Die Söhne von Königen bekommen Brei aus Weizenmehl und frischer Milch, dazu Honig.«[17] Heutzutage weiß man, daß die körperlichen Bedürfnisse von Kindern sich nicht abhängig von Herkunft oder Geschlecht unterscheiden. Die alte Sitte, die Nahrungszufuhr durch Vorschriften zu regeln, ist jedoch nach wie vor wirksam. Das ist gar nicht so schlecht. Gerade beim ersten Kind sind junge Eltern meist froh, wenn sie sich an ein paar Regeln halten können und dadurch das Gefühl haben, alles einigermaßen richtig zu machen. Hier also ein bißchen Theorie.

Wie im vorigen Kapitel beschrieben, gibt es heute vor allem zwei anerkannte Ernährungsmethoden. Die optimierte Mischkost (auch vollwertige Ernährung genannt) wird vom Dortmunder Institut für Kinderernährung entwickelt und zusammen mit der Deutschen Gesellschaft für Ernährung (DGE) vertreten. Sie repräsentiert damit sozusagen die offizielle Meinung. Weite Verbreitung haben auch die Prinzipien der Vollwert-Ernährung gefunden, wie sie von den Wissenschaftlern von Körber, Männle und Leitzmann in Gießen vertreten wird. Diese Lehre liegt den Ernährungstips zugrunde, die von den Verbraucherzentralen gegeben werden. Die Unterschiede zwischen den beiden Schulen sind vor allem grundsätzlich. Der Anspruch, den die Gießener Wissenschaftler an die Ernährung legen, ist sehr viel weitgefaßter. Sie fordern eine umweltschonende Produktion, wie sie durch den ökologischen Landbau und artgerechte Tierhaltung verwirklicht wird. So werden auch die Schadstoffe im Essen so gering wie möglich gehalten. Außerdem werden Nahrungsmittel bevorzugt, die unter sozialverträglichen Bedingungen hergestellt worden sind. Dazu gehört auch ein fairer Handel mit Entwicklungsländern.

Überlegungen dieser Art spielen bei der optimierten Mischkost keine Rolle. Lediglich in der Bevorzugung von saisonalem Gemüse aus regionalem Anbau gibt es einen umweltschonenden Ansatz und eine Übereinstimmung mit der Gießener Schule. Auch der Begriff vollwertig wird unterschiedlich interpretiert. Während für die DGE erst die richtige Zusammensetzung der Nahrungsmittel die Ernährung vollwertig macht, stellen die Vertreter der Gießener Schule an jedes einzelne Nahrungsmittel die Anforderung, so naturbelassen wie möglich zu sein. In einer Werteskala von »sehr empfehlenswert« bis »nicht empfehlenswert« wird genau aufgeführt, was man häufig, selten oder möglichst gar nicht essen sollte. Als wenig empfehlenswert werden stark verarbeitete Lebensmittel wie Konserven eingestuft. Völlig undiskutabel sind »übertrieben verarbeitete« Lebensmittel wie Pommes frites oder Nuß-Nougat-Creme. Die Regeln für die tägliche Ernährung werden auf dieser Grundlage ausgearbeitet.

So weit gehen DGE und Dortmunder Forschungsinstitut nicht. Sie empfehlen Lebensmittel, um den Bedarf an allen wichtigen Nährstoffen zu decken und lassen einen Spielraum von ca. 20 % für die persönlichen Geschmacksvorlieben, sprich Kuchen und Nuß-Nougat-Creme.

In den Empfehlungen für den Alltag liegen die beiden Richtungen gar nicht so weit auseinander. Vollwertprodukte, viel Gemüse – auch als Rohkost – und wenig Fleisch werden mit Schwankungen in der Menge hier wie da als empfehlenswert angesehen. Unterschiede in der Bewertung einzelner Nahrungsmittel werden weiter unten beschrieben. Die Abweichungen bei den Mengenempfehlungen werden anhand der nachstehenden beiden Tabellen deutlich.

Anhaltswerte für altersgemäße Lebensmittelverzehrsmengen

Grundregel für den Lebensmittelverzehr in der optimierten Mischkost:

reichlich: pflanzliche Lebensmittel (Getreide, Kartoffeln, Gemüse, Hülsenfrüchte, Obst) und kalorienfreie Getränke
mäßig: tierische Lebensmittel (Milch, Fleisch, Ei)
sparsam: fettreiche Lebensmittel (versteckte Fette, sichtbare Speisefette)

Alter (Jahre)		1-2	2-3	4-6	7-9	10-12	13-14
reichlich:							
Brot, Getreideflocken	(g/Tag)	80	120	170	200	250	280
Kartoffeln, Reis Nudeln, Getreide	(g/Tag)	80	100	120	140	180	200
Gemüse	(g/Tag)	100	120	180	200	230	250
Obst	(g/Tag)	100	120	180	200	230	250
Getränke	(ml/Tag)	600	700	800	900	1000	1200
mäßig:							
Milch, Milchprodukte*	(ml/Tag)	300	330	350	400	420	450
Fleisch, Wurst	(g/Tag)	40	50	60	70	80	90
Fisch	(1x pro Woche)	50	70	100	150	180	200
Eier	(Stück/Woche)	1-2	1-2	2	2	2-3	3
sparsam:							
Margarine, Öl, Butter	(g/Tag)	10	15	20	25	30	30

* 100 ml Milch entsprechen ca. 15 g Schnittkäse

Mit diesen empfohlenen Lebensmitteln wird der Bedarf aller wichtigen Nährstoffe gedeckt, jedoch nicht der gesamte Energiebedarf. Was über diese Lebensmittel hinaus noch gegessen wird, um genügend Energie aufzunehmen, kann frei gewählt werden. Dabei können auch kleinere Mengen Süßigkeiten, Kuchen oder Gebäck gegessen werden.

(Quelle: *Empfehlungen für die Ernährung von Klein- und Schulkindern,* vgl. Anm. 20)

Anhaltswerte für altersgemäße Lebensmittelmengen

Die Übersicht soll eine Orientierung vermitteln, was und wieviel täglich gegessen werden sollte. Bei Einhaltung dieser Mengen würde der Bedarf aller wichtigen Nährstoffe gedeckt. Dabei ist zu bedenken, daß der Energiebedarf der jeweiligen Altersgruppe sehr unterschiedlich sein kann. Die Tabelle gibt Durchschnittswerte an, Abweichungen nach oben und unten sind im individuellen Fall durchaus möglich.

Altersgruppe	1 bis unter 4 Jahre	4 bis unter 7 Jahre	7 bis unter 10 Jahre	10 bis unter 13 Jahre	13 bis unter 15 Jahre
Lebensmittel					
Getreide	20 g	30 g	40 g	40 g	50 g
Vollkornbrot	120 g	150 g	200 g	250 g	250 g
Gemüse	200 g	250 g	300 g	350 g	400 g
Kartoffeln	100 g	150 g	200 g	250 g	250 g
Obst	250 g	250 g	300 g	350 g	350 g
Nüsse	5 g	5 g	10 g	10 g	15 g
Milch/Joghurt 3,5 % Fett	300 g	300 g	400 g	400 g	500 g
Quark, mager	50 g	50 g	50 g	50 g	50 g
Käse 45 % F.i.Tr.	20 g	30 g	40 g	40 g	50 g
Fett: Butter / Öl	20 g / 10 g	20 g / 10 g	30 g / 10 g	30 g / 15 g	30 g / 15 g
Marmelade/ Honig	10 g	20 g	25 g	25 g	30 g
Fleisch*	2 x 40 g	2 x 50 g	2 x 60 g	2 x 80 g	2 x 100 g
Fisch*	1 x 50 g	1 x 100 g	1 x 100 g	1 x 100 g	1 x 150 g
Eier* (* pro Woche)	1 St.	2 St.	2 St.	2 St.	2 St.

(Quelle: *Bärenstarke Kinderkost*, vgl. Anm. 21)

Warnung: Der Versuch, eine dieser Empfehlungen buchstabengetreu umzusetzen, führt in kürzester Zeit in den körperlichen und geistigen Ruin. Deshalb sei allen Eltern geraten, lieber gleich zu berücksichtigen, daß es sich dabei um Zirkawerte handelt, die von Kind zu Kind und von Tag zu Tag schwanken, und überhaupt so wenig verbindlich sind, wie es Anhaltswerte nur sein können. Schließlich wollen Sie ja nicht zum Sklaven Ihrer Küchenwaage werden. Sinnvoller ist eine grobe Orientierung. Die Deutsche Gesellschaft für Ernährung hat in ihrem Ernährungskreis alle wichtigen Nahrungsmittel in Gruppen zusammengestellt.

Aus jeder Gruppe sollte jeden Tag etwas gegessen werden. Aber keine Angst: Auch wenn einmal an einem Tag etwas fehlt, ist das kein Drama. Das kann in den nächsten Tagen ausgeglichen werden. Bei Fleisch oder Eiern ist ein sparsamer Verbrauch sogar wünschenswert. Wenn die Familie also einen Tag lang hauptsächlich von Broten gelebt hat, dann bekommt sie eben am nächsten Tag mehr Gemüse. Und wenn sich einmal, weil es so gut schmeckt, zu viel Sahne im Speisezettel breitgemacht hat, dann wird anschließend ein wenig mehr als sonst mit Fett geknausert.

Einigkeit herrscht unter den Wissenschaftlern darüber, aus welchen Bausteinen die Kinderernährung zusammengesetzt sein sollte.

Kohlehydrate

Sie liefern Energie, entweder in Form von Stärke oder Zucker. Gut die Hälfte der täglichen Kalorien sollte aus Lebensmitteln stammen, die Kohlehydrate in Form von Stärke enthalten. Das sind vor allem Getreide, Brot, Gemüse und Kartoffeln, denn sie enthalten gleichzeitig Vitamine, Mineralstoffe und Ballaststoffe. Auch Obst ist aus diesem Grund empfehlenswert. Zucker und Süßigkeiten sind dagegen aus der Sicht der Ernährungswissenschaft überflüssig. In der Praxis sieht es jedoch so aus, daß Kinder etwa die Hälfte der Kohlehydrate als Zucker aufnehmen. Stärkehaltige und ballaststoffreiche Nahrungsmittel kommen dagegen meist zu kurz.

Fett

Fett ist der zweite wichtige Energielieferant. Es kommt aus tierischen (Butter, Fleisch, Milchprodukte) und aus pflanzlichen Quellen (Margarine, Öle, Nüsse). 30 bis 35 Prozent des täglichen Energiebedarfs sollten durch Fett gedeckt werden und zwar je zur Hälfte aus tierischem und pflanzlichem Fett. Das hört sich nach viel an. Tatsache ist jedoch, daß dieses Maß schnell erreicht ist. Denn in kleinen Mengen fettreicher Lebensmittel stecken genauso viele Kalorien wie in großen Mengen kohlehydratreicher. Insgesamt wird viel zu viel Fett gegessen. Vor allem die versteckten Fette in Fleisch, Wurst, Käse und Schokolade tragen ihren Teil dazu bei.

Eiweiß

Eiweiß ist unentbehrlich für das Wachstum. Es kommt als tierisches Eiweiß in Fleisch, Fisch, Eiern, Milch und Milchprodukten vor, als pflanzliches in Getreide, Kartoffeln und Hülsenfrüchten. 12 bis 15 Prozent der täglichen Energiezufuhr sollte aus Eiweiß kommen und zwar je zur Hälfte aus tierischem und aus pflanzlichem Eiweiß. Bei der Versorgung mit Eiweiß wird heute das Soll eher übererfüllt.

Mineralstoffe

Sie haben die unterschiedlichsten Aufgaben. Calcium etwa ist unentbehrlich für den Aufbau und die Erhaltung von Knochen und Zähnen. Eisen hilft, den Körper mit Sauerstoff zu versorgen und Jod ist ein Baustein zur Bildung von Schilddrüsenhormonen, um nur einige Beispiele zu nennen. Hier läßt die Versorgung zum Teil zu wünschen übrig. Ausgerechnet Calcium, enthalten vor allem in Milch und Milchprodukten, führt in der Kinderernährung ein Schattendasein. Der Verbrauch liegt bis zu 25 Prozent unter den Empfehlungen der Deutschen Gesellschaft für Ernährung.

Vitamine

Vitamine sind so unverzichtbar und so vielseitig, daß gar nicht auf ihre einzelnen Aufgaben eingegangen werden kann. Eine Zeitlang haben die Ernährungswissenschaftler ihr Publikum damit malträtiert, daß sie zu jedem Vitamin genaue Tagesmengen empfohlen haben. Inzwischen sind erhebliche Zweifel an der Zuverlässigkeit dieser Angaben aufgekommen. Vielleicht hat sich auch herumgesprochen, daß kein Mensch dieses Zahlenwerk im Kopf behalten oder Rezepte in mathematische Gleichungen umsetzen kann. Mit einer vielseitigen, abwechslungsreichen Ernährung, in der Milch, Voll-

kornprodukte und Gemüse eine wichtige Rolle spielen, ist auch die Versorgung mit allen wichtigen Vitaminen sichergestellt.

Das also ist der Stoff, aus dem die Ernährung ist. In der täglichen Praxis spielen diese Begriffe jedoch nur die zweite Geige. Hier wird man sich eher an den Produkten, die auf den Tisch kommen, orientieren. Dazu noch einige praktische Hinweise:

Brot und Getreide

In den Randschichten des Korns und im Keimling sitzen die wertvollsten Nährstoffe, Vitamine, Mineralstoffe, Spurenelemente und Ballaststoffe. Mindestens die Hälfte der täglichen Getreidemenge in Brot oder Müsli sollten deshalb aus Vollkornmehl oder Vollkornflocken bestehen, meinen die Wissenschaftler des Dortmunder Instituts für Kinderernährung. Der Rest darf auch aus Feinmehl hergestellt sein.
Ihren Vollwert-Kollegen aus Gießen ist das zu wenig. Ihrer Ansicht nach sollten Getreide und Getreideprodukte grundsätzlich vollkörnig gegessen werden, ein Teil davon sogar roh (Frischkornmüsli). Allerdings vertragen Kinder kleine Portionen Müsli aus rohem, eingeweichtem Getreide erst vom zweiten Lebensjahr an. Im Ernährungskreis der Deutschen Gesellschaft für

Ernährung (siehe Seite 35) werden auch Kartoffeln zu dieser Gruppe gezählt. Auch wenn man nicht weiß warum, ändert das nichts an der Tatsache, daß sie ein nährstoffreiches, abwechslungsreiches Nahrungsmittel sind – ideal als Pellkartoffeln, verpönt aber geliebt als Pommes frites. Was es dazwischen noch gibt, sei im nächsten Kapitel verraten.

Tips für den Alltag:
Kinder – auch Erwachsene –, die nicht an Vollkornprodukte gewöhnt sind, reagieren auf eine zu schnelle Umstellung häufig mit starken Blähungen. Deshalb sollten zunächst kleine Mengen angeboten werden, die dann langsam gesteigert werden. Viel Flüssigkeit zum Essen macht Vollkorngetreide bekömmlicher, Zucker und Saft haben die gegenteilige Wirkung. Kartoffeln können auch roh gegessen werden. Sie sind dann aber schwerer verdaulich. In jedem Fall: grüne Stellen wegschneiden. Sie enthalten das giftige Solanin.

Übrigens sind nicht nur Brot und Müsli willkommene Getreidelieferanten. Auch (Vollkorn-)Nudeln oder (Natur-)Reis gehören in diese Rubrik.

Gemüse

Gemüse gehört zu den Grundpfeilern der Kinderernährung. Um alle wertvollen Stoffe gut auszunutzen, sollte es auch als Rohkost gegessen werden. Die Gießener Wissenschaftler machen genaue Mengenangaben: die Hälfte gegart, die Hälfte roh. Wenn kein frisches Gemüse zu haben ist, sind Tiefkühl-Produkte ohne Gewürze, Rahm oder Mehl ein guter Ersatz. Sie schmecken allerdings nicht immer so gut wie frisches Gemüse. Kohl und Hülsenfrüchte sind zwar wertvoll, kleine Kinder können sie aber nur schwer verdauen. Am besten verträglich sind Linsen. Ansonsten: zunächst kleine Mengen verfüttern und die Kinder langsam hineinwachsen lassen. Es kann nicht oft genug gesagt werden, daß einheimisches Obst

Gemüse	Jan	Feb	Mär	Apr	Mai	Jun	Jul	Aug	Sep	Okt	Nov	Dez
Artischocken	○	○	●	●	●			●	●	●	○	○
Auberginen	○	○	○	○	●	●	●	●	○	○	○	○
Batavia	○	○	○	○	●	●	●	●	●	○	○	○
Bleichsellerie/Staudensellerie	○	○	○	○	○	●	●	●	○	○	○	○
Blumenkohl	○	○	●	○	○	●	●	●	●	●	○	○
Bohnen, grün			●	●	●	●	●	●	●	●	●	
Broccoli/Spargelkohl		○	○	○	○	●	●	●	●	○		
Champignons	○	○	○	○	○	○	○	○	○	○	○	○
Chicoree	●	●	●	●					●	●	●	●
Chinakohl	●	●	●	○	○	○			○	●	●	●
Eichblattsalat				○	●	●	●	●	●	●	○	
Einlegegurken						○	●	●	●	○		
Eisbergsalat	○	○	○	○	●	●	●	●	●	●	○	○
Endiviensalat/Eskariol	○	○	○					●	●	●	●	●
Erbsen, grün					●	●	●	●	●			
Feldsalat/Rapunzel	●	●	●					●	●	●	●	●
Fenchel	○	○	○	○	○	●	●	●	●	○	○	○
Grünkohl	●	●	○	○						○	●	●
Kartoffeln	○	●	●	○	●	○	○	●	●	○	●	●
Kohlrabi		○	○	○	●	●	●	●	●	○	○	
Kopfsalat	○	○	○	○	●	●	●	●	●	○	○	○
Kürbis							○	●	●	●	●	○
Lollo Rosso	○	○	○	●	●	●	●	●	●	●	○	○

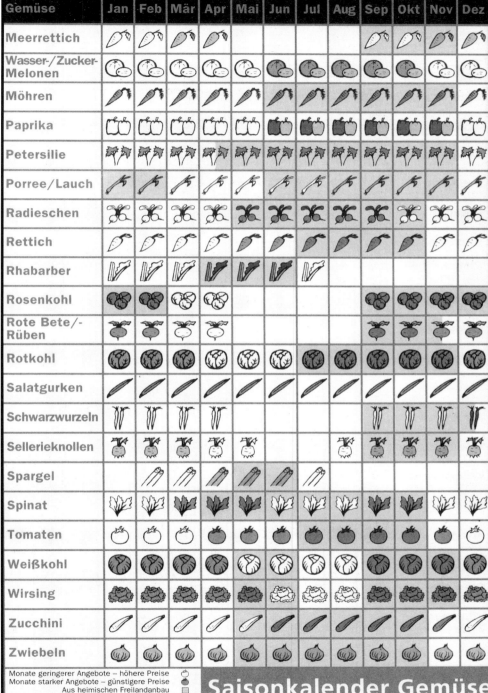

Obst	Jan	Feb	Mär	Apr	Mai	Jun	Jul	Aug	Sep	Okt	Nov	Dez
Ananas	●	●	●	●	●	●	●	●	●	●	●	●
Äpfel	●	●	●	●	○	○	○	●	●	●	●	●
Apfelsinen	●	●	●	●	●	●	○	○	○	○	○	●
Aprikosen					○	●	●	●	○			
Avocados	●	●	●	●	●	●	●	●	●	●	●	●
Bananen	●	●	●	●	●	●	●	●	●	●	●	●
Birnen	○	○	○	○	○	○	○	●	●	●	●	●
Brombeeren							○	●	●	○		
Clementinen/Satsumas	○	○	○							○	○	○
Erdbeeren				○	○	●	●	○			○	○
Heidelbeeren						○	●	●	○			
Grapefruits	●	●	●	●	○	●	●	●	●	●	●	●
Himbeeren						○	●	●	○			
Holunderbeeren								○	●	○		
Johannisbeeren						○	●	○				
Kirschen, süß					○	●	●	○				
Kirschen, sauer						○	●	●	○			
Kiwis	●	●	●	●	●	●	●	●	●	●	●	●
Mirabellen/Renekloden						○	●	●	○			
Pfirsiche/Nektarinen					○	○	●	●	●	○	○	
Pflaumen/Zwetschen						○	●	●	●	○		
Preiselbeeren						○	●	●	●	○	○	
Quitten									○	●	○	

Obst	Jan	Feb	Mär	Apr	Mai	Jun	Jul	Aug	Sep	Okt	Nov	Dez
Stachelbeeren						●	●	●				
Weintrauben	●	●	●	●	●	●	●	●	●	●	●	●
Zitronen	●	●	●	●	●	●	●	●	●	●	●	●
Walnüsse	●	●							●	●	●	●
Haselnüsse	●	●							●	●	●	●
Eßkastanien	●	●							●	●	●	●

Monate geringerer Angebote – höhere Preise
Monate starker Angebote – günstigere Preise
Aus heimischen Freilandanbau

Saisonkalender Obst

(Mit freundlicher Genehmigung des AID)

und Gemüse zur jeweiligen Erntezeit unschlagbar ist, was Kosten, Geschmack und Gesundheitswert betrifft. Lediglich im Winter, wenn man die ewigen Äpfel langsam satt hat, sind Südfrüchte eine gute Ergänzung. Unsere Tabelle zeigt die Erntezeiten für Obst und Gemüse.

Der Griff zu heimischen Produkten der Jahreszeit ist neben Abwechslung und sorgfältigem Putzen die beste Methode, Schadstoffe im Zaum zu halten. Die Vertreter der Vollwert-Ernährung (Gießen) empfehlen darüber hinaus, Produkte aus ökologischem Landbau zu bevorzugen.

Tips für den Alltag:
Vitamine nehmen schnell übel. Langes Lagern oder ausgiebige Wasserbäder bekommen ihm nicht. Darauf sollte man achten, wenn man Gemüse zubereitet: erst nach dem Waschen zerkleinern, sofort weiterverarbeiten und nicht zu lange oder mit zuviel Wasser kochen. Empfehlenswerter ist zum Beispiel dünsten, das heißt mit wenig Wasser oder Brühe bei kleiner
Hitze so garen, daß das Gemüse noch Biß hat, also nicht ganz weich ist. Auf diese Weise bleibt auch der Geschmack am besten erhalten. Auch dämpfen im Topf mit Siebeinsatz oder garen in Römertopf, Folie oder Schnellkochtopf sind schonende Techniken.

Wenn Kinder kein Gemüse mögen, dann lehnen sie manchmal nur eine bestimmte Sorte ab. In diesem Fall ist es völlig unnötig, sie dazu zu überreden. Kein Gemüse ist »das beste« und in keinem steckt alles drin, deshalb läßt sich fast immer Ersatz finden. Es müssen nicht immer Möhren oder Kohlrabi sein. Sorten wie Pastinaken oder Mangold sind lecker, gesund und fast unbekannt. Wer sich mangels Kenntnissen nicht an die Zubereitung herantraut, dem kann ich statt aller komplizierten Kochbücher *Das neue Küchenlexikon*[18] wärmstens empfehlen. Kein Gemüse ist so absonderlich, keine Zubereitungsart so exotisch, daß sie nicht darin kurz und verständlich beschrieben würde.

Eine zweite Methode, Kinder zu Gemüsefreunden zu machen, besteht in abwechslungsreicher Zubereitung. Dazu mehr im nächsten Kapitel. Und wenn sich ein Kind – wahrscheinlich vorübergehend – standhaft gegen jedes Gemüse in allen Zubereitungsarten stemmt, kann man es immer noch mit frisch gekochten Kartoffeln und Obst durchkriegen.

Übrigens …

…sollten Sie Möhren nur mit etwas Fett servieren. Sonst kann das darin enthaltene Karotin nicht in Vitamin A umgewandelt werden. Wenn die Kinder rohe Möhren mümmeln – sehr beliebt – sollten sie zusätzlich ein paar Nüsse oder Kerne knabbern.

Obst

Obst wird von fast allen Kindern gern gegessen. Es ist ideal für Zwischenmahlzeiten, Grundlage zahlreicher Desserts, bereichert Müslis und macht Salat für Kinderzungen verlockender. Alle Ernährungswissenschaftler sind sich darüber einig, daß Obst am besten roh gegessen wird. Aber auch wenn es ernährungsphysiologisch nicht notwendig ist oder nicht einmal gewünscht wird – Obst in gekochtem Zustand gehört meiner Meinung nach zu den unverzichtbaren Kindheitserfahrungen. Die »Buchteln« (Hefeklöße), die meine Mutter uns mit Pflaumenkompott servierte, habe ich jedenfalls meinem Kind nicht vorenthalten. Obstkonserven enthalten in der Regel viel Zucker, selbstgemachtes Kompott ist daher nicht nur gesünder, es schmeckt auch besser.

Milch und Milchprodukte

Daß Kinder Milch brauchen, gehört zu den Binsenweisheiten der Kinderernährung.
Offensichtlich bekommen sie jedoch zu wenig von diesem wichtigsten Calciumlieferanten, sonst könnte die Versorgung – wie oben erwähnt – nicht so mangelhaft sein. 1/4 bis 1/2 Liter sollte täglich getrunken werden, je nach Alter und je nachdem, was sonst an Milchprodukten gegessen wird. Da bei uns die Auswahl groß ist, mußten sich die Ernährungswissenschaftler Gedanken darüber machen, welche Milchsorte zu empfehlen ist. Einigkeit herrscht darüber, daß die Milch der Wahl pasteurisiert sein sollte. Die Vollwert-Ernährer schicken zwar der naturbelassenen Vorzugsmilch eine Träne nach, räumen aber ein, daß unerwünschte Keime ein Risiko darstellen könnten, zumindest bei Kindern unter sechs Jahren. Die DGE macht wie immer den Versuch, H-Milch unters Volk zu bringen. Glücklicherweise sind die Geschmacksnerven der meisten Kinder so sensibel, daß man bei dem Versuch, ihnen H-Milch einzuflößen, auf geschlossene Zahnreihen stößt. Unterschiedlich beurteilt wird der Fettgehalt. Die Wissenschaftler aus Dortmund empfehlen, ihn im Zusammenhang mit der übrigen Ernährung zu sehen. Wenn Kinder häufig fettreiche Wurst essen, zum Beispiel Salami oder Bratwurst, dann sollte zum Ausgleich fettarme Milch (1,5%) bevorzugt werden. In der Vollwert-Ernährung ist Wurst ohnehin nur in Ausnahmefällen vorgesehen. Deswegen empfehlen ihre Vertreter in jedem Fall Vollmilch (3,5 %), da die fettlöslichen Vitamine dann besser zur Geltung kommen. Hier muß man sich entscheiden – fette Milch und fette Wurst (oder Käse) sind zuviel.

Tips für den Alltag:
Nachdem die Milchtüten vor einigen Jahren wegen einer Dioxin-Belastung für Negativ-Schlagzeilen gesorgt hatten, sind viele Verbraucher auf Mehrwegflaschen umgestiegen. Obwohl die Belastung der Tüten inzwischen beseitigt ist, sind Mehrweg-Flaschen unter Umweltgesichtspunkten auch weiterhin empfeh-

lenswert, vorausgesetzt, sie kommen nicht aus einer Molkerei, die mehr als 100 Kilometer entfernt liegt. Sonst sind die sehr preiswerten Plastik-Schläuche, die in Öko-Bilanzen ebenfalls gut abschneiden, die bessere Alternative. Es gehört übrigens zu den ewigen Geheimnissen der Milchflaschen-Hersteller, warum sie die Flaschen nicht grundsätzlich braun getönt anbieten. Darin halten sich nämlich die Vitamine viel besser!

Wenn Kinder keine Milch mögen, dann können sie statt dessen die gleiche Menge Joghurt, Dickmilch oder Buttermilch essen. Auch eine dicke Scheibe Käse (oder zwei dünne!) ist eine Alternative. (Achtung: Im Käse lauern versteckte Fette. Magere Sorten haben daher Vorrang, fette – die dummerweise sehr gut schmecken – sollten seltener gegessen werden.) Quark und Frischkäse enthalten zwar nicht soviel Calcium, sind jedoch durchaus empfehlenswerte Nahrungsmittel. Natürlich gibt es auch die Möglichkeit, Milch durch pürierte Früchte oder Kakaopulver anzureichern oder durch die Zubereitung als Pudding oder eine andere Milchspeise attraktiv zu machen. Käse auf dem Auflauf oder im Risotto ist ebenfalls ein geeigneter Ersatz. Fruchtjoghurt sollte möglichst nicht fertig gekauft werden, da diese Zubereitungen meist zuviel Zucker enthalten. Lieber selbst mit frischem Obst herstellen!

Übrigens …
… können Sie die Milch gleich in den Ausguß gießen, wenn Sie sie zu Spinat, Rhabarber oder Rote Bete servieren. Darin steckt nämlich Oxalsäure, ein Stoff, der der Nahrung das Calcium entzieht. Und zwar heftig: 100 Gramm Spinat binden das Calcium von einem Liter Milch. Es kann dann vom Körper nicht mehr verwertet werden.

Fleisch, Fisch und Eier

Diese drei Produkte werden meist in einem Atemzug genannt. Wahrscheinlich, weil sie zwar wichtig, aber nur in Maßen wünschenswert sind (vgl. die Mengenangaben in den Tabellen). Bei den vitaminreichen, aber stark cholesterinhaltigen Eiern gilt die Einschränkung nicht nur für das Frühstücksei. Auch was in Pfannkuchen, Pudding oder anderen Gerichten verarbeitet wird, muß mitgezählt werden.
Seefisch wird wegen des Jodgehalts einmal wöchentlich empfohlen.
Fleisch dagegen ist – wie schon dargestellt – ein heftig umstrittenes Nahrungsmittel. Weniger soll es sein, da sind sich alle einig. Wie wenig, darüber gehen die Empfehlungen auseinander (siehe Tabellen). Gegen Fleisch wird u.a. der hohe Gehalt an Purinen angeführt. Ihr Abbau erhöht die Harnsäurekonzentration im Blut, was langfristig zu Gicht führen kann. Für Fleisch sprechen vor allem drei Argumente: hochwertiges Eiweiß, B-Vitamine und Eisen, das vom Körper besonders gut ausgenutzt werden kann. Wer weniger Fleisch essen möchte, sollte in dieser Beziehung für Ausgleich sorgen.
Eine streng vegetarische Ernährung ohne irgendwelche tierischen Lebensmittel ist deshalb für die Kinderernährung ungeeignet. Mit Milch und Milchprodukten, Fisch und Eiern wird jedoch für ausreichend Eiweiß und B-Vitamine gesorgt. Eisen ist auch in pflanzlichen Lebensmitteln enthalten, vor allem in Getreide (Roggen, Hirse, Hafer, Grünkern), in Gemüsen wie

Fenchel, Rosenkohl und Grünkohl, aber auch in Kräutern, zum Beispiel in Schnittlauch.

Tips für den Alltag:
Das pflanzliche Eisen kann durch die Kombination mit Vitamin C viel besser vom Körper ausgenutzt werden. Paprikaschoten zum Hirsetopf oder ein Glas Orangensaft zum Fenchelrisotto sind also ideale Kombinationen.
Kleinkinder essen möglicherweise nicht genug Getreide. Mit wenigen fleischhaltigen Mahlzeiten in der Woche geht man bei ihnen auf Nummer sicher.
Wer ganz auf Fleisch verzichten möchte, sollte sich Rat bei Experten holen[19].

Fette

Fett ist geballte Energie. Wir essen, wie schon gesagt, viel zuviel davon – etwa doppelt soviel, wie es wünschenswert wäre. Fett macht dick. Fett macht krank. Also weglassen? Geht nicht, denn Fett versorgt den Körper mit den lebenswichtigen, fettlöslichen Vitaminen und mit den ebenfalls unverzichtbaren Fettsäuren. Die Lösung: sparen und die richtigen Fette essen. Leider haben Fette zwei weitere unangenehme Eigenschaften. Sie verstecken sich in verschiedenen Nahrungsmitteln und geben ihnen oft auch noch einen ausgezeichneten Geschmack. Versteckte Fette summieren sich sehr schnell. 35 Gramm, die Ration, die für einen Tag wünschenswert ist, sind zum Beispiel enthalten in 125 Gramm magerem Fleisch plus 1/4 Liter fettarmer Milch plus 50 Gramm Käse (40% Fett i. Tr.) plus ein Ei. Um das Problem in den Griff zu bekommen, sollte man nur die Hälfte der wünschenswerten Gesamtfettmenge (rund 70 Gramm) als sichtbares Fett zu sich nehmen und vor unsichtbaren Fetten auf der Hut sein. Das heißt öfter mal Corned beef statt Salami, Pute statt Schweinekeule, Seelachs statt Makrele.

Und auch bei Käse, Milch und Milchprodukten kann man zu den fettarmen Sorten greifen. Sehr viel Fett versteckt sich auch in Nüssen, Kuchen, Dessert, Schokolade. Richtige Hämmer sind Chips oder gesalzene Erdnüsse. Sie sind wirklich nur in Ausnahmefällen zugelassen.

Und welche Fette sind empfehlenswert? Aufs Brot, zum Kochen und Backen Margarine (ungehärtet in der Vollwert-Ernährung) und – seltener – Butter. An den Salat Pflanzenöl. Das Dortmunder Institut für Kinderernährung empfiehlt Soja-, Sonnenblumen-, Maiskeim oder Olivenöl, in der Vollwert-Ernährung wird vor allem auf kaltgepreßte und unraffinierte Öle Wert gelegt. Zum Braten Bratfette wie beispielsweise Butterschmalz. Nüsse sind zwar sehr fetthaltig, sparsam eingesetzt jedoch wertvolle Nahrungsmittel.

Tips für den Alltag:
Der Verbrauch von sichtbarem Fett läßt sich einfach kontrollieren. Öl, Margarine oder Butter kann man eßlöffelweise abmessen. Ein Eßlöffel entspricht etwa zehn Gramm. Und noch mehr Rechenhilfe: 10 Gramm Butter enthält etwa so viel Fett wie 25 Gramm Schlagsahne (Fettgehalt 30 Prozent), 25 Gramm Crème fraîche (Fettgehalt 32 Prozent) oder 65 Gramm saure Sahne (Fettgehalt 10 Prozent). Zwei Eßlöffel Butter und zwei Eßlöffel Öl pro Person, mehr sollte am Tag an sichtbaren Fetten nicht verbraucht werden. Deshalb sind Zubereitungsarten empfehlenswert, bei denen Fett gespart wird, zum Beispiel Garen im Römertopf oder Braten in einer beschichteten Pfanne. Notieren Sie doch einmal, wieviel Fett Sie verwenden! Man hat da sehr leicht optimistische Vorstellungen.

Getränke

Untersuchungen aus der jüngsten Zeit haben gezeigt: Kinder trinken zu wenig. Zirka ein bis eineinhalb Liter brauchen sie je nach Alter pro Tag. Wenn es mehr wird, schadet das auch nicht. Die Eltern sollten deshalb keinesfalls Getränke verweigern, wie das früher nicht selten vorkam, sondern eher darauf achten, daß die Kinder zu allen Mahlzeiten und zwischendurch genügend trinken. Geeignet sind Wasser und Mineralwasser (für kleine Kinder ohne Kohlensäure), ungesüßter Früchte- und Kräutertee oder Fruchtsaft mit Mineralwasser im Verhältnis 1 : 1 gemischt. Fruchtsaft pur, vor allem aber Limonaden und Colagetränke, enthalten viel zu viel Zucker, um als Durstlöscher in Frage zu kommen. Auch die Light-Version, also mit Süßstoffen oder Zuckeraustauschstoffen, macht sie nicht edler (mehr dazu im Kapitel »Die Lust am Laster«). Von Colagetränken muß außerdem wegen des Coffeingehalts abgeraten werden.

Tips für den Alltag:
Wenn Kinder restlos von Limonade oder auch Cola begeistert sind, sollte man ähnliche Regelungen treffen wie bei Süßigkeiten. Manchmal, zum Beispiel im Restaurant, sind auch diese Getränke erlaubt. Als spontane Belohnung sind sie dagegen nicht geeignet.
Wer mit Kindern Limo selbst herstellt (Früchte selbst pressen und mit Mineralwasser mischen), erhöht die Attraktivität dieser Getränke.

Um Kinder gesund zu ernähren, muß man keine wissenschaftliche Ausbildung genossen haben. Wenn man die oben genannten Informationen in die Praxis umsetzt, dann ergeben sich einige einfache Regeln:

- Ernähren Sie Ihr Kind abwechslungsreich: Setzen Sie ihm nicht jeden Tag das gleiche vor, auch wenn es noch so gern Spaghetti mit Tomatensoße mag.
- Nutzen Sie die Fülle: Kein Gemüse ist »das beste«, in keiner Mahlzeit steckt alles drin. Wählen Sie also unter möglichst vielen Nahrungsmitteln, dann können Sie sicher sein, daß Ihr Kind mit allen wichtigen Nährstoffen versorgt wird.
- Geben Sie Ihrem Kind viel Vollkornbrot und andere Vollkornprodukte, Gemüse, Kartoffeln und Obst, ausreichend Milch und Milchprodukte

und wenig Fleisch und Eier. Das Brot sollte immer dicker sein als der Belag, und Fleisch sollte mit Gemüse die traditionelle Rolle als Beilage tauschen.
- Geizen Sie mit Fett, Salz und Zucker. Zu Fett und Zucker ist schon einiges gesagt worden. Salz treibt nach neueren Untersuchungen zwar nicht unbedingt den Blutdruck in die Höhe. Ein zu starker Verbrauch, wie er bei uns üblich ist, bringt jedoch andere Gesundheitsrisiken mit sich. Verwenden Sie es sparsam und würzen Sie häufiger mit Kräutern. Davon profitieren Gesundheit und Geschmack.
- Fünf Mahlzeiten sind besser als drei. Zwei kleine Zwischenmahlzeiten fangen den großen Hunger auf und sind die ideale Ergänzung, wenn bestimmte Nährstoffe bei den Hauptmahlzeiten zu kurz gekommen sind. Auch das Verdauungssystem wird bei dieser Einteilung weniger belastet.
  Mindestens eine große Mahlzeit sollte Getreide als Hauptbestandteil haben. In einer zweiten sollten Gemüse und Kartoffeln die Hauptrolle spielen. Obst, rohes Gemüse oder Salat können ebenso wie Milch und Milchprodukte und noch einmal Getreide bei der dritten Hauptmahlzeit eingeplant werden. Zwischendurch bei den kleinen Mahlzeiten können ebenfalls Obst, rohe Gemüsestückchen, ein Joghurt, ein Brot gegessen werden. Zwei- bis dreimal pro Woche wird eine Hauptmahlzeit durch Fleisch, einmal durch Fisch ergänzt.
- Ziehen Sie ein Resümee: Wie koche ich normalerweise? Was koche ich besonders gerne oder gut? Mit welchen Lebensmitteln bin ich vertraut? Was mag die Familie besonders? Wer die Schwachstellen in der eigenen Küche näher kennenlernen will, kann die Antworten auf diese Fragen einmal aufschreiben. Vor allem über den Verbrauch von Fett und Zucker sollte man über einen Zeitraum von etwa zwei Wochen Buch führen. Denn aus Gewohnheit schleichen sich oft sehr optimistische Vorstellungen ein.
- Verwenden Sie frische, hochwertige Produkte und kochen Sie frisch. Naturjoghurt mit Obst gemischt kommt ohne Zucker und Bindemittel aus. Gemüse, roh geknabbert oder schonend zubereitet, ist nicht nur gesünder, sondern schmeckt auch besser als irgendwelche tiefgefrorenen Gemüse-Burger.

- Glauben Sie deshalb niemandem, der Ihnen erzählt, so und nicht anders müsse man seine Kinder füttern, damit sie groß und stark werden. Die Wissenschaftler, wie schon ausgeführt, sind sich keineswegs immer einig.
- Kochen und essen Sie mit Lust und Liebe. Spaß am Essen ist Lebensfreude. Und die Befolgung von Erkenntnissen aus der Ernährungswissenschaft sollte keineswegs in Verbissenheit ausarten.

Lesetip: Wer mehr über die beiden oben geschilderten Formen der Kinderernährung erfahren will, dem seien zwei Broschüren empfohlen:

- »*Empfehlungen für die Ernährung von Klein- und Schulkindern*[20] stellt die Leitsätze der »optimierten Mischkost« dar, die vom Forschungsinstitut für Kinderernährung, Dortmund erarbeitet worden sind.
- *Bärenstarke Kinderkost*[21] heißt eine Broschüre der Verbraucherzentrale, in der die Forderungen der Gießener Vollwert-Ernährung für die Kinderernährung umgesetzt worden sind.

Wieviel Vollwert braucht das Kind?

Wie soll man sich und vor allem seine Kinder denn nun ernähren, vollwertig oder mit optimierter Mischkost? Folgt man den Erkenntnissen der Gießener Wissenschaftler oder schließt man sich den Einsichten des Dortmunder Instituts für Kinderernährung an? Beide, um das vorweg zu schicken, sind von seriösen Wissenschaftlern erarbeitet und für den Alltag geeignet. Ihre Vor- und Nachteile haben mit der Ernährung selbst gar nicht so viel zu tun. Bei der Vollwert-Ernährung à la Gießen wird der Tageslauf vollkommen durchgeplant. Eltern, die sich danach richten, brauchen sich keine Gedanken mehr zu machen, denn Kinder, die nur gesundes Essen bekommen, können sich gar nicht anders als gesund ernähren. Das muß überhaupt nicht lustfeindlich sein. Bis auf Ausnahmen sind die Anhänger der Vollwert-Ernährung längst nicht mehr muffelige Körner-Kauer in Latzhosen, wenn sie es denn je waren. In den Restaurants, in denen auf dieser Basis oft gut und manchmal hervorragend gekocht wird, trifft man einen Querschnitt durch die Gesamtbevölkerung, darunter viele junge Geschäftsleute, die sich fit halten wollen. Auch der kindlichen Lust auf Süßes wird Rechnung getragen. Es gibt vollwertige Kuchen und Desserts aus Obst, Milchprodukten und Getreide, die einen dahinschmelzen lassen. Allerdings läßt sich nicht leugnen, daß der Rahmen des Erlaubten enger ist, und das kann manchmal ein Nachteil sein. Es ist gut, wenn Kinder lernen, mit den kleinen (und größeren) Versuchungen des Lebens umzugehen. Der erste Schoko-Kuß, dem sie begegnen, kann sonst leicht zum Kulturschock werden. Deshalb sei allen Eltern geraten, von Zeit zu Zeit über ihren Schatten zu springen, wenn sie sich für diese Ernährungsform entscheiden. Leider ist in Veröffentlichungen zur Vollwert-Ernährung nicht selten das Gegenteil anzutreffen. Da wird aus der vernünftigen Lehre schon mal ein Glaubensbekenntnis, dessen Grundsätze so rigoros vertreten werden, daß interessierte Esser sich gar nicht mehr trauen, näherzukommen. Man möchte allen Vollwert-Ernährten ins Stammbuch schreiben, daß sie es nicht nötig haben, so verbissen zu sein. Ein bißchen Lässigkeit und Toleranz würde ihnen gut zu Gesicht stehen. Ein schlechtes Gewissen ist jedenfalls kein guter Ernährungsratgeber.

Der Vollwert-Ernährung wird immer wieder vorgeworfen, sie sei teuer und zeitaufwendig. Der erste Einwand läßt sich nicht aufrechterhalten. Zwar sind einzelne Nahrungsmittel nicht billig, und das Preisniveau im Bioladen gehört der gehobenen Klasse an. Das wird jedoch ausgeglichen durch die geringeren Ausgaben für Fleisch, Eier, Kaffee oder Alkohol. Ein hoher Zeitaufwand ist allerdings unvermeidlich. Einkauf in speziellen Läden oder auf dem Öko-Hof, frische Zubereitung jeder Mahlzeit, das erfordert den ganzen Mann bzw. bei der üblichen Arbeitsteilung meist die ganze Frau. Zwar läßt sich mancher Aufwand vermeiden: Ein Stück Kohlrabi zum Brot ist auch eine Mahlzeit und ein Pfannkuchen aus Vollwertmehl ist ebenso schnell fertig wie einer aus Weißmehl. Doch Kindererziehung, konsequente Vollwert-Ernährung und dann eventuell auch noch Berufstätigkeit, das läßt sich oft nur schwer und manchmal gar nicht vereinbaren. Wenn ich nach der Arbeit einkaufen renne, bin ich manchmal froh, überhaupt noch ein Brot zu bekommen, von Vollkornbrot ganz zu schweigen.

Wenn man sich nach der (optimierten) Mischkost richtet, hat man es einfacher. Spezielle Nahrungsmittel sind nicht erforderlich und es genügt, den Grundbedarf an Nährstoffen zu sättigen. Darüber hinaus hat man sogar Spielraum für persönliche Vorlieben. Das ist eine liberale Auffassung, die von jedem leicht nachvollzogen werden kann, sollte man meinen. Die weit verbreiteten Ernährungsdefizite sprechen eine andere Sprache. Das liegt vielleicht daran, daß diese Zweiteilung in Soll und Darf so beschrieben wird, als handele es sich dabei um Pflicht und Kür. Oder anders ausgedrückt, es scheint, als beschränke sich der Spaß am Essen ausschließlich auf den Verzehr von Gummibärchen. Kommt denn keiner der offiziellen Ernährungsaufklärer auf die Idee, daß man ganz normale Mahlzeiten kreativ zubereiten und lustvoll einnehmen kann? Betrachtet man die konkreten Tips, die Tagespläne, dann schlafen einem beim Lesen die Backen ein. Die Gleichgültigkeit gegenüber dem Genuß zeigt sich auch in der Propagierung (oder Entschuldigung?) von Dosengemüse oder H-Milch. Theoretisch und praktisch fehlen, vor allem bei der Kinderernährung, phantasievolle und pfiffige Ideen, die ein Gegengewicht zu vielen lustigen Werbespots im Fernsehen bilden und den Kindern gesunde Ernährung schmackhaft machen könnten. Es fehlen Sympathieträger, die sich für Milch und Müsli stark machen. Es fehlen Konzepte, bei denen Kinder aktiv eingebunden werden, wie zum Beispiel Clubs, in denen sie Mitglieder werden können. Vor lauter Abgrenzung gegenüber anderen Ernährungsformen kommt das eigene Profil zu kurz und darunter leidet die Anziehungskraft.

Wenn ich mich zwischen diesen Ernährungsschulen entscheiden müßte, ich könnte es nicht. Mir gefällt der verantwortliche, in die Zukunft gerichtete Ansatz der Vollwert-Ernährung ebenso wie die größere Liberalität der optimierten Mischkost. Also wird bei uns gekocht, wie es gerade kommt. Wir kaufen je nach Zeit im Bioladen, auf dem Markt oder im Supermarkt um die Ecke. Mal stellen wir mit unserem Salatkonsum jedes Kaninchen in den Schatten, mal schwelgen wir in Salzburger Nockerln. Wir kochen öko oder edel, einfallsreich oder stinknormal. Aber mit Sicherheit nicht ideologisch.

Gesund ist mehr als Vitamine

Wer heute von gesunder Ernährung redet, kann sich nicht damit zufriedengeben, Eiweiß, Vitamine und Kohlehydrate gegeneinander aufzurechnen. Denn gesundheitliche Gefahren drohen nicht nur durch falsche Eßgewohnheiten. Das knackige Gemüse, das saftige Fleisch, sie sind oft längst nicht so gesund wie sie aussehen. Immer neue Lebensmittelskandale und die längst alltäglich gewordene Belastung durch Umweltgifte verderben den Appetit und stellen Eltern gelegentlich vor schwere Entscheidungen: Was können sie noch beruhigt auf den Tisch bringen? Ich will diese Sorgen nicht verniedlichen. Doch sollte man sich dadurch auch nicht völlig blockieren lassen. Wer über Schadstoffe und Belastungen informiert ist, kann sie vermeiden oder gering halten. Die folgende Übersicht soll dabei helfen.

Nitrat

Was ist Nitrat?
Nitrat ist ein lebensnotwendiger Nährstoff für Pflanzen, der ihnen durch Dünger zugeführt wird. Nach dem Motto »viel hilft viel« wird im konventionellen Landbau häufig überdüngt. Das überschüssige Nitrat wird zum Teil von bestimmten Pflanzen gespeichert und kann dadurch ins Trinkwasser gelangen.

Welche Risiken hat es?
Nitrat an sich ist kein Problem für den Menschen. Aber: Durch Bakterien kann es im Körper in Nitrit umgewandelt werden. Dadurch kann der rote Blutfarbstoff Hämoglobin in Methahämoglobin umgewandelt werden. Er ist dann nicht mehr in der Lage, Sauerstoff zu transportieren. Das ist für Babys bis zum sechsten Monat lebensgefährlich. Sie verfügen im Unterschied zu älteren Kindern und Erwachsenen noch nicht über einen Mechanismus zum

Abbau von Nitrit und können deshalb innerlich ersticken (Blausucht). Nach dem sechsten Monat wird Nitrat im Körper abgebaut, wenn gleichzeitig Vitamin C zur Verfügung steht. Das ist in der Regel der Fall.

Auch für größere Kinder und Erwachsene ist Nitrat jedoch nicht ganz ohne. Im Magen-Darm-Trakt werden aus Nitrit und Aminen Nitrosamine gebildet, die stark krebserregend sind. Amine sind u.a. in Käse, Eiern und Fisch enthalten.

Was können Eltern tun?

Grundsätzlich sollten Kinder – aber auch Erwachsene – so wenig Nitrat wie möglich aufnehmen. Was das Trinkwasser betrifft, kann man beim Wasserwerk fragen, wie hoch der Gehalt ist. Wer ganz auf Nummer sicher gehen will, kann das mehrmals im Jahr wiederholen, weil die Werte jahreszeitlich bedingt schwanken. Der EG-Grenzwert von 50 mg/Liter sollte nicht deutlich überschritten werden, sonst ist es besser, auf nitratarmes Mineralwasser auszuweichen. Bei Säuglingen sollte der Wert nicht über 10 mg/Liter liegen. Aber auch bei größeren Kindern sollten möglichst 20 mg/Liter nicht überschritten werden. Am schlimmsten belastet sind die kleinen privaten Brunnen in ländlichen Gegenden.

Bei der Auswahl von Gemüse empfiehlt es sich, nitratreiche Sorten nicht zu häufig auf den Tisch zu bringen. Welche das sind, zeigt die nachstehende Übersichtstabelle. Neben der Sorte ist die Anbaumethode wichtig. Gemüse aus ökologischem Landbau hat meist deutlich weniger Nitrat, weil mit Düngemitteln sparsam umgegangen wird.

Freilandgemüse hat weniger Nitrat als Treibhausgemüse, da die Pflanzen unter der Einwirkung von Sonnenlicht Nitrat in Pflanzeneiweiß umwandeln. Deshalb enthält auch abends geerntetes Gemüse weniger Nitrat als morgens geerntetes, und ausgereiftes weniger als junges. Dies ist auch ein Grund, Gemüse oder Salat der Jahreszeit entsprechend zu kaufen.

Nitrat sammelt sich besonders in den Nährstoffleitern (Stengel, dicke Rippen) und in den äußeren Blättern. Diese Teile müssen deshalb beim Gemüseputzen entfernt werden. Da Nitrat auch außerhalb des Körpers in Nitrit umgewandelt werden kann, sollte stark nitrathaltiges Gemüse wie Spinat nicht aufgewärmt werden und nach dem Kochen nicht lange stehengelassen werden. Für die Babynahrung sind solche Gemüse ohnehin tabu.

Stark nitrathaltige Gemüse und gepökelte Fleisch- und Wurstwaren werden am besten nicht mit Käse überbacken, da sonst Nitrosamine entstehen können. Ungepökelte Ware bekommt man am ehesten beim Bio-Metzger.

Nitratgehalt in Gemüse		
Hoher Nitratgehalt (ca. 1000 - 4000 mg/kg)	Mittlerer Nitratgehalt (ca. 500-1000 mg/kg)	Niedriger Nitratgehalt (unter 500 mg/kg)
Feldsalat, Fenchel, Kohlrabi, Kopfsalat, Mangold, Radieschen, Rettich, Rhabarber, Rote Bete, Spinat, Endivie	Chinakohl, Grünkohl, Sellerie, Möhren, Blumenkohl, Kartoffeln, Wirsing, Zucchini, Weißkohl	Auberginen, Bohnen, Brokkoli, Chicorée Erbsen, Gurken, Paprika, Lauch, Rosenkohl, Rotkohl, Schwarzwurzeln, Spargel, Tomaten, Zwiebeln

Pestizide

Was sind Pestizide?
Pestizide sind chemische Pflanzenschutzmittel, die zur Bekämpfung von Pflanzenerkrankungen, zur Vernichtung von Schädlingen und Unkraut eingesetzt werden. Wogegen sie wirken sollen, verrät die Bezeichnung: Funghizide sollen Pilze bekämpfen, Herbizide gegen Pflanzenschädlinge vorgehen. 80 Prozent der Pestizide werden in der Landwirtschaft eingesetzt, aber auch Hobbygärtner sind begeisterte Abnehmer. 33.000 Tonnen werden immer noch jährlich auf deutschen Äckern verteilt, obwohl es inzwischen weniger Präparate gibt und die Zahl der Wirkstoffe gesenkt wurde.

Welche Risiken bestehen?
Pestizide können zwischen Schädlingen und Nützlingen nicht unterscheiden. Also töten sie auch viele nützliche Lebewesen ab und vernichten ihre Lebensgrundlagen. Die Folge: Das natürliche Gleichgewicht wird immer

mehr durcheinandergebracht. Die überlebenden Schädlinge werden immer resistenter, so daß immer höhere Dosen eingesetzt werden müssen.
Rückstände in Obst und Gemüse lassen sich nicht vermeiden. Sie können für den Menschen schädlich sein, zum Beispiel weil sie Allergien auslösen. Inzwischen findet man auch Rückstände im Trinkwasser.

Was können Eltern tun?
Wer sichergehen will, kauft Produkte aus biologischem Anbau. Die sind zwar nicht pestizidfrei. Denn alle Pflanzen, ob konventionelle oder ökologisch angebaute, wachsen in derselben belasteten Luft und werden mit demselben belasteten Wasser gegossen. Pflanzen aus ökologischem Anbau bekommen aber wenigstens keine zusätzliche Dosis. Zwar haben Untersuchungen ergeben, daß die Belastungen konventionell angebauter Produkte nicht oder nicht wesentlich höher sind, wenn sie richtig behandelt werden, das heißt, wenn die Sperrfristen zwischen Pestizideinsatz und Ernte beachtet werden. Doch mit dem Kauf von biologisch Angebautem trägt man dazu bei, die Umwelt zu schonen und langfristig die Hintergrundbelastung zu senken.
Wer Obst und Gemüse der Saison und aus heimischem Anbau kauft, muß ebenfalls nur eine geringe Belastung in Kauf nehmen, da diese Produkte weniger chemische Nachhilfe zum Wachsen brauchen. Bei der Bearbeitung in der Küche hilft Abwaschen unter fließendem Wasser und Abreiben, gegebenenfalls auch Schälen gegen Rückstände.

Schwermetalle

Was sind Schwermetalle?
Metalle, die pro Kubikzentimeter mehr als 5 Gramm wiegen, gehören zur Gruppe der Schwermetalle. Durch die industrielle Nutzung – zum Beispiel bei der Verarbeitung von Kunststoffen – gelangen sie in die Nahrungskette. Schwermetalle werden im Körper gespeichert und wirken auf unterschiedliche Weise giftig. Die größte Rolle spielen Cadmium, Quecksilber und Blei. Letzteres ist zwar durch die Verminderung des Bleigehaltes in Kraftstoffen auf dem Rückzug. Allerdings ist es besonders für Kleinkinder gefährlich, da sie es fünfmal stärker aufnehmen als Erwachsene.

Welche Risiken bestehen?
Alle genannten Schwermetalle sind für die Gesundheitheit hochgradig gefährlich. Eine erhöhte Cadmium-Belastung führt zu schweren Nieren- und Skelettschäden. Außerdem steht Cadmium in Verdacht, Krebs zu erzeugen. Auch Quecksilbervergiftungen äußern sich in Nierenschäden. Zusätzlich werden die Nerven geschädigt. Blei sammelt sich hauptsächlich in den Knochen. Bei Kindern bis zu vier Jahren wird es überwiegend in weichen Geweben, zum Beispiel im Gehirn, abgelagert. Gestörte Bewegungsabläufe, verminderte Lernleistung und Verhaltensstörungen können die Folge sein.

Was können Eltern tun?
Lebensmittel, die stark mit Schwermetallen belastet sind, sollten soweit wie möglich gemieden werden. Mit allen genannten Schwermetallen belastet sind Innereien. Cadmium befindet sich außerdem in wildwachsenden Pilzen, Sonnenblumenkernen, Mohn, Leinsamen und Kleie. Quecksilber kommt ebenfalls in Wildpilzen vor, vor allem in Champignons (nicht Zuchtchampignons!) und Steinpilzen, darüber hinaus in Fischen. Von ihnen sind Raubfische besonders betroffen. Weniger belastet sind zum Beispiel Kabeljau, Schellfisch, Scholle, Hering und Makrele, Rotbarsch und Lachs. Blei lagert sich bei Obst und Gemüse auf der Oberfläche ab und kann deshalb durch Putzen und Waschen weitgehend entfernt werden. Wer wildwachsende Pflanzen pflückt oder auf Plantagen erntet, sollte damit erst im Abstand von zehn Metern zur nächsten Straße anfangen. In manchen Altbauten sind noch Wasserleitungen aus Blei verlegt. Sie sollten schleunigst ersetzt werden.

Lebensmittelzusatzstoffe und Aromastoffe

Was sind Lebensmittelzusatzstoffe und Aromastoffe?
Konservieren, Färben, Säuern, all das und mehr kann man mit den chemischen Verbindungen, die unter dem Sammelbegriff Lebensmittelzusatzstoffe geführt werden. Als E-Nummern sind sie in der Zutatenliste von industriell gefertigten Lebensmitteln aufgeführt. Aromastoffe und Geschmacksverstärker werden eingesetzt, um Lebensmitteln Aromen zurückzugeben, die ihnen durch die industrielle Verarbeitung abhanden gekommen sind. Sie müssen nicht einzeln auf der Verpackung angegeben werden. Lediglich die Sammelbezeichnung – natürliche, naturidentische oder künstliche Aromastoffe – ist erforderlich.

Welche Risiken bestehen?
Längst nicht alle der genannten Stoffe sind so harmlos, wie sie es bei der Verwendung in Lebensmitteln eigentlich sein sollten. Benzoesäure und deren Salze (E 210-213), die in Gemüse-, Obst- und Salatzubereitungen enthalten sind, können zu Nesselsucht und Asthma führen. Schwefel und seine Verbindungen (E 220-227) können bekanntlich Kopfschmerzen, Störungen des Nervensystems und der Magen-Darmfunktion auslösen. Nicht nur Wein und Trockenfrüchte sind geschwefelt, sondern auch alle Kartoffelfertigprodukte (Knödel, Flocken, Pulver).
Durch die Europäische Union und ihren freien Warenverkehr ist die Situation noch unübersichtlicher geworden, da in anderen Ländern Zusatzstoffe erlaubt sind, die bei uns verboten sind. Propionsäure (E 280) darf beispielsweise bei uns seit 1988 nicht mehr verwendet werden, da sie im Tierversuch bei Ratten krebsähnliche Veränderungen des Vormagens verursachte. Durch die Hintertür der Europäischen Union könnte sie bald wieder ins Brot gelangen.
Noch problematischer ist der Umgang mit den Aromastoffen, die in völlig unübersichtlicher Zahl und Menge hergestellt und verwendet werden. Natürliche Aromastoffe wie Orangenessenz oder Vanilleextrakt sind unbedenklich, werden aber kaum eingesetzt. Besonders mit Vorsicht zu genießen sind die künstlichen Aromastoffe. Jährlich werden rund 10.000 neue Industrienahrungsmittel allein in Deutschland auf den Markt gebracht. Pausenlos

kommen damit auch neue Zusatzstoffe dazu. Das Lebensmittelrecht ist dieser Flut nicht gewachsen und darüber hinaus veraltet. Was die Stoffe im einzelnen anrichten, ist nicht zu übersehen. Besonders gefährlich sind einige von ihnen für Allergiker (Soja- und Erdnußproteine). Bedenklich stimmen sollten Hinweise von Forschern, daß die Industriezutaten die Nerven angreifen können. Im *Spiegel* 48/94 wird von einer Gruppe von 185 aggressiven und nervösen Kindern berichtet, die vier Wochen lang ausnahmslos Nahrung ohne Zusatzstoffe bekamen. Laut Untersuchungsbericht waren 116 der Kinder danach merklich ruhiger

Was können Eltern tun?
Um sich vor schädlichen Lebensmittelzusatzstoffen zu schützen, muß man sie kennen. Die Verbraucherzentralen bieten deshalb eine Lebensmittel-Zutatenliste an. Problematische Zutaten werden darin besonders gekennzeichnet und kommentiert. (Die Liste kostet bei Abholung DM 3,50, sonst kommen 3 Mark für Porto und Versand dazu. Adressen im Anhang.) Die problematischen Stoffe sollte man sich aufschreiben und als Liste im Portemonnaie verwahren, so daß man sie bei jedem Einkauf greifbar hat.
Schwieriger ist es, sich und seine Kinder vor den schädlichen Wirkungen von Aromastoffen zu schützen. Wenn es sich nicht gerade um natürliche handelt, sollte darauf weitgehend verzichtet werden, auch im Sinne einer Ernährung mit naturbelassenen Lebensmitteln. Das heißt aber auch, daß weitgehend auf Fertigfutter verzichtet wird. Wie das im Alltag zu bewerkstelligen ist, zum Beispiel wenn es möglichst schnell gehen soll, dafür gibt es in den folgenden Kapiteln zahlreiche Beispiele.

Gen-Food

Was ist Gen-Food?
Bei der Gentechnologie werden die Gene von Nutz-Tieren oder -Pflanzen verändert. Dadurch können sich Herstellungsweisen und -eigenschaften ebenfalls verändern. Zur Zeit wird mit Mikroorganismen (Bakterien oder Hefen) geforscht, die bei der Herstellung etwa bei Brot, Bier oder Joghurt eingesetzt werden. Die Folgen: Brot läßt sich schneller backen, Bier hat eine

stabilere Krone, Joghurt wird schnittfester. An zahlreichen weiteren Veränderungen basteln die Forscher: Tomaten, die nicht mehr so schnell weich werden, Erdbeeren, die unempfindlich gegen Frost sind, das sind keine Utopien mehr. Die Anti-Matsch-Tomate gibt es bereits in Amerika zu kaufen, bei uns besteht nur das Patent. In Amerika werden auch schon 40 Prozent des dort erzeugten Hartkäses mit gentechnisch hergestelltem Lab fermentiert. Auch die Tiere kommen bei diesen Experimenten nicht ungeschoren davon: Karpfen, mit dem Wachstumsgen einer Forelle, werden 20 Pfund schwerer.

Welche Risiken bestehen?
Wenn man das wüßte! Die Langzeitfolgen für Mensch und Ökosystem sind nicht hinreichend geklärt. Der Geist, einmal aus der Flasche, kann nicht zurückbeordert werden. Von einigen Wissenschaftlern werden Freilandversuche und beispielsweise der Verzehr von gentechnisch veränderten Lebendkulturen in Joghurt als sehr bedenklich angesehen. Risiken können nicht grundsätzlich ausgeschlossen werden, sagen sie. Dazu gehören so unterschiedliche Dinge wie die Entstehung unvorhergesehener Nebenprodukte und die immer häufiger werdenden Allergien. Für die Umwelt wird vor allem befürchtet, daß sich gentechnisch veränderte Bakterien oder Schimmelpilze unkontrolliert vermehren. Ganze Ökosysteme können dadurch zusammenbrechen. Durch die Europäische Union wurde gentech-

nisch veränderten Produkten Tür und Tor geöffnet. Die meisten Verbraucher lehnen sie ab. Sie haben professionelle Mitstreiter aus den unterschiedlichsten Lagern. Die deutschen Spitzenköche wollen die Produkte ebenso boykottieren wie die Anbieter von ökologisch erzeugten Lebensmitteln. Erstere befürchten unter anderem Vitamin- und Geschmackseinbußen, zum Beispiel bei der Anti-Matsch-Tomate. Wenn man sich überlegt, wie die roten Gummibälle jetzt teilweise schon schmecken, ist man geneigt, sich den Befürchtungen anzuschließen. Letztere weisen darauf hin, daß herbizidresistente Pflanzen das Aus für den ökologischem Landbau bedeuten könnten. Eine mögliche Folge wäre, daß der Verbrauch von Unkrautbekämpfungsmitteln weiter gesteigert würde.

Der Nutzen der gentechnischen Veränderungen liegt dagegen im dunkeln, jedenfalls soweit es die Verbraucher betrifft. Die Anbieter können billiger, schneller und mehr produzieren. Eine rationellere Produktion von Lebensmitteln, hauptsächlicher Erfolg des Aufwandes, ist angesichts unseres Überangebots ziemlich überflüssig, vor allem da für viele Verfahrensweisen die Regeln bisher nicht geklärt sind.

Was können Eltern tun?
Praktische Hinweise können in diesem Fall nicht gegeben werden. Da man die Gentechnik nicht verhindern kann, sollte auf eine genaue Kennzeichnung gedrungen werden, damit man sie wenigstens vermeiden kann. Doch hier hapert es. In der EU-Verordnung (Novel Food Verordnung), die zur Zeit vorbereitet wird, ist gerade die objektive Kennzeichnung nicht generell vorgeschrieben. Sie durchzusetzen, wird in erster Linie durch verbraucherpolitisches Handeln möglich sein.

Radioaktive Bestrahlung

Was ist das?
Europa macht's möglich: Die ersten radioaktiv bestrahlten Lebensmittel sind bei uns im Handel (Kräuter), weitere werden folgen. Radioaktive Bestrahlung wird in erster Linie angewandt bei Kräutern, Kartoffeln, Zwiebeln, Gewürzen, Knoblauch, Eierspeisen, Hähnchenfleisch und Krustentieren.

Damit soll die Keimfähigkeit der Produkte gehemmt und der Befall mit Mikroorganismen eingedämmt werden. Die Waren bleiben länger haltbar und lagerfähig. Die Lebensmittel werden entweder mit Gamma-, Elektronen- oder Röntgenstrahlen behandelt. Die Produkte selbst sind aber nicht radioaktiv.

Welche Risiken bestehen?
Ob und welche gesundheitlichen Auswirkungen die radioaktive Bestrahlung auf Verbraucher hat, ist nach wie vor umstritten. Verbraucherschützer Ernst-Michael Epstein in der Süddeutschen Zeitung vom 3.1.1995: »Wir sehen die Bestrahlung von Lebensmitteln nach wie vor kritisch.« Da aber Kräuter und Gewürze nicht in rauhen Mengen verzehrt würden, seien von diesen Produkten kaum gesundheitliche Beeinträchtigungen zu erwarten. Anders bei Grundnahrungsmitteln wie Kartoffeln, Fleisch, Obst, Gemüse. Hier sein nicht alle gesundheitlichen Bedenken auszuräumen. Durch radioaktive Strahlung veränderten sich die Fettsäuren, Vitamine werden abgebaut. Dies sei dann auch eine Verbrauchertäuschung. Mit anderen Worten: Die Produkte sehen erstklassig aus und sind weitgehend wertlos. Viel dran, nix drin. Und nicht zu vergessen: Bei der Bestrahlung entstehen als Abfallprodukte sogenannte Freie Radikale, die »die menschlichen Zellen terrorisieren könnten«.

Was können Eltern tun?
Wichtig ist vor allem, auf Kennzeichnung zu dringen. Noch ist nicht abzusehen, wie die Auseinandersetzung europaweit ausgeht. Die Vielbestrahler Engländer, Niederländer, Franzosen sind nicht bereit zu verzichten. Sicherheit bringt – solange die Kennzeichnung nicht geregelt ist – auch da wieder der Einkauf auf dem Biohof. Damit würde man auch regionale Anbieter gegen einen Trend stärken, der im Kern gegen ihr Konzept gerichtet ist. Denn der eigentliche Sinn radioaktiver Bestrahlung besteht darin, Waren aus weit entfernten Gegenden anbieten zu können, ohne daß die Nachteile dieses Verfahrens äußerlich sichtbar sind.

BSE

Was ist das?
BSE ist die Abkürzung für Bovine spongiforme Enzephalopathie, kurz und deutsch als Rinderwahnsinn bekannt. Durch infektiöse Eiweißstoffe wird eine Aufweichung des Gehirns verursacht, die zum Tod führt. Die Krankheit grassiert seit Mitte der 80er Jahre in Großbritannien. In anderen europäischen Ländern sind einzelne Fälle bekanntgeworden. Nach dem heutigen Erkenntnisstand sind deutsche Rinder nicht betroffen, da es bei uns unüblich war und inzwischen verboten ist, an die Tiere, die Pflanzenfresser sind, Tiermehl zu verfüttern. Auf diese Praxis wird die Krankheit zurückgeführt. Tiermehl und Mischfutter aus Großbritannien dürfen seit 1989 nicht mehr nach Deutschland importiert werden. Beim Fleisch selbst gibt es zwar Einschränkungen, doch sind sie nach Meinung von Verbraucherschützern nicht ausreichend. Sie fordern ein generelles Importverbot.

Welche Risiken bestehen?
Bis heute ist nicht definitiv ausgeschlossen, ob die Seuche durch den Verzehr von Rindfleisch auf den Menschen übertragen werden kann.

Was können Eltern tun?
Wer auf Nummer sicher gehen will, sollte kein Rindfleisch essen, dessen Herkunft ungeklärt ist. Vor allem Fleisch aus Markenrindfleischprogrammen mit der Bezeichnung »Deutsches Qualitätsfleisch aus kontrollierter Aufzucht« und Fleisch aus kontrolliert ökologischer Produktion kann dagegen unbedenklich gegessen werden. Auch argentinisches Rindfleisch ist nicht betroffen, da die Seuche dort unbekannt ist. Aus diesem Grund sind auch Fleischextrakte, Rinderbrühen und Würzen ungefährlich. Die Rohstoffe für die Produkte stammen, wie die Hersteller betonen, ausschließlich aus Südamerika. Bei der Ernährungsberatung der Verbraucherzentralen kann man Markennamen von sicherem Rindfleisch erfahren.

EHEC-Bakterien

Was ist das?
EHEC-Bakterien sind erst seit 1982 bekannt, breiten sich aber zur Zeit stark aus. Es handelt sich um einen Bakterienstamm, der im Rinderkot vorkommt und beim Schlachten das Fleisch verunreinigen kann. Wenn die Hygiene zu wünschen übrig läßt, kann auch die Milch damit verseucht werden.

Welche Risiken bestehen?
Die Bakterien verursachen beim Menschen gefährliche Durchfälle und können zu Nierenversagen führen. Erwachsene und größere Kinder überstehen eine Infektion gut. Für kleine Kinder und Menschen, deren Immunsystem geschwächt ist, kann sie jedoch sehr gefährlich, wenn nicht sogar lebensbedrohlich werden.

Was können Eltern tun?
Die Bakterien werden durch Erhitzen abgetötet. Deshalb sollten zumindest Kinder unter sechs Jahren und gefährdete Erwachsene nur gut durchgegartes Rindfleisch und auf keinen Fall Rohmilch bekommen. Für sie ist pasteurisierte oder abgekochte Milch empfehlenswert.

Salmonellen

Was ist das?
Salmonellen sind Stäbchen-Bakterien, die in verschiedenen Lebensmitteln, vor allem in Eiern und Hühnern vorkommen. In geringen Mengen können sie für den Menschen kaum gefährlich werden. Sie neigen allerdings dazu, sich bei günstigen Temperaturen (20 bis 40 Grad) heftig zu vermehren, so daß sie im Sommer häufig Lebensmittelvergiftungen verursachen. Bei Temperaturen von sechs Grad und weniger vermehren sie sich nicht mehr, sterben aber auch nicht. Ein

aufgetautes Huhn kann also ein Risiko sein. Wirklich klein kriegen kann man Salmonellen aber mit Temperaturen über 70 Grad. Die überleben sie garantiert nicht.

Welche Risiken bestehen?
Eine Infektion mit Salmonellen verursacht Kopf- und Bauchschmerzen, Fieber, Erbrechen und vor allem Durchfall. Größere Kinder und Erwachsene stecken das gut weg. Für kleine Kinder, kranke und alte Menschen kann die Krankheit lebensgefährlich werden.

Was können Eltern tun?
Bei frischen Nahrungsmitteln, richtiger Lagerung und Hygiene haben die Salmonellen keine Chance. Das bedeutet:
- Eier nicht auf Vorrat kaufen. Sie sollten höchstens sieben Tage alt sein, vor allem wenn sie roh verwendet werden, zum Beispiel als Eischnee oder für Mayonnaise. Frische Eier erkennt man übrigens daran, daß sie in einem Glas Wasser nach unten sinken. Nach sieben Tagen richten sie sich im Wasser auf, nach vier Wochen schwimmen sie oben. Vor allem die Eierschalen sind befallen, sie dürfen nicht mit dem Inneren des Eis oder mit anderen Lebensmitteln in Berührung kommen.
- Lebensmittel, die befallen sein können, immer getrennt von anderen aufbewahren. Das können neben Hähnchen und Eiern auch Wild, Innereien, Schweinefleisch (vor allem Hackfleisch und frische Mettwurst) und Seetiere (insbesondere Muscheln) sein. So vermeidet man, daß durch tropfenden Fleischsaft im Kühlschrank ein Salat, der darunter steht, befallen wird.
- Hähnchen nur gut durchgegart essen.
- Kühlung ist vor allem im Sommer wichtig. Pudding, der mit rohem Ei zubereitet wird, sollte schnell in kleine Schüsseln gefüllt und in den Kühlschrank gestellt werden. Dorthin gehören auch Kartoffelsalat mit Mayonnaise und ähnliche Gerichte. Messer, Brettchen oder Teller, die zur Zubereitung von Hähnchen gebraucht worden sind, müssen erst mit heißem Seifenwasser gesäubert werden, bevor sie wieder verwendet werden. Auch die eigenen Hände sollten einer ähnlichen Prozedur unterzogen werden.

Übrigens: Salmonellen sind nicht nur ein individuelles, sondern auch ein politisches Problem. In Norwegen und Schweden gibt es schon seit Jahren wirksame Programme gegen Salmonellose mit dem Erfolg, daß die Krankheit dort nicht vorkommt.

Anders einkaufen – aber wie?

Es gibt verschiedene Möglichkeiten, sich mit weitgehend unbelasteten Nahrungsmitteln zu versorgen. Eine ist der Einkauf im Bio-Laden, eine andere die Direktvermarktung. Das bedeutet, daß Produkte direkt vom Erzeuger gekauft werden, entweder auf dem Bauernhof, auf Wochenmärkten, am Straßenrand oder auch bei Selbstpflückaktionen. Manche Bio-Bauern bringen ihre Produkte auch im Abonnement ins Haus. Mehr Engagement seitens der Verbraucher erfordern »food coops«. Das sind Kooperativen, die den Einkauf beim Erzeuger und die Verteilung der Waren an die Mitglieder organisieren. Die Verbraucher-Initiative hat einen Leitfaden »Direktvermarktung« herausgegeben sowie einen Einkaufsführer »Einkaufen direkt beim Bio-Bauern«.[43] Auch die Verbraucherberatungsstellen haben Adressen von Direktvermarktern, Bio-Läden und Metzgern, bei denen Fleisch aus artgerechter Tierhaltung verkauft wird.
Eine solche Aufzählung von Risiken und Vorsichtsmaßnahmen ist zwar sinnvoll, sie kann jedoch nicht der Weisheit letzter Schluß sein. Denn erstens hilft selbst das beste Wissen nicht, Kinder gesund zu ernähren, wenn rundherum die Grundbelastung steigt und immer neue Skandale wie Pilze aus dem Boden schießen. Und zweitens läßt sich lustvolles Essen kaum damit vereinbaren, daß man sich an allen Ecken und Enden einschränkt. Wer an dieser Entwicklung etwas ändern will, der muß sich dafür einsetzen. Das ist allemal besser, als die eigene Ohnmacht zu beklagen und darüber zu jammern, daß man seinem Kind guten Gewissens kaum noch etwas zu essen anbieten kann. Gesunde Ernährung fängt nicht damit an, daß man möglichst viele Schadstoffe aus dem Gemüse wegputzt, sondern damit, daß die Schadstoffgehalte in Boden, Luft und Wasser verringert werden. Nicht das Biowürstchen ist der Weisheit letzter Schluß, sondern die artgerechte Tierhaltung. Und statt Zusatzstofflisten auswendig zu lernen, sollte man

lieber denen auf die Finger schauen, die durch immer neue Manipulationen an Lebensmitteln gut verdienen, ohne Rücksicht auf diejenigen, die die Suppe auslöffeln müssen. Es gibt Gruppen und Organisationen, die sich dafür einsetzen, daß man auch in Zukunft unbelastete Nahrungsmittel kaufen kann (Adressen im Anhang). Es lohnt sich, mit einer davon Kontakt aufzunehmen, denn es steht viel auf dem Spiel, nicht nur Gesundheit, sondern vor allem Lebensfreude. Was das bedeutet, wurde mir durch eine kleine Begebenheit klar, die schon 15 Jahre zurückliegt. Zum ersten Mal war meine damals knapp dreijährige Tochter mit den Eltern mittags in ein Feinschmecker-Restaurant gegangen. Während der Chef noch mit uns darüber beriet, was ihr schmecken könnte, trug ein Lieferant einen Korb mit frischen Steinpilzen an unserem Tisch vorbei. Ein Schwall von Wald und Herbst duftete uns daraus entgegen. Das Kind betrachtete erstaunt die riesigen Pilze und schnupperte begeistert. »Soll ich ihr davon eine kleine Portion braten?« fragte der Wirt. In schweigendem Einverständnis beschlossen wir Erwachsenen für eine halbe Stunde alles zu vergessen, was wir über die Schwermetallbelastung von Steinpilzen wußten, um der sinnlichen Erfahrung den Vortritt zu lassen.

Heute sind Steinpilze zusätzlich auch noch durch Cäsium belastet, zumindest in manchen Gegenden. Ich weiß außerdem, daß sie ernährungsphysiologisch wie alle Pilze nicht von großer Bedeutung sind. Aber ich weiß auch, was für ein Genuß es ist, sie zu essen. Und mein Kind und – später mal – ihre Kinder, die sollen das auch noch wissen.

Täglich – aber nicht alltäglich

Da steht man nun mit all seinem Ernährungs-Wissen vor leeren Kochtöpfen. Und nicht selten steht man sich selbst im Weg. Mit Vitaminenzählen und Tabellenerstellen hat außerhalb einer Versuchsküche noch niemand eine Mahlzeit auf den Tisch bekommen. Verbraucheraufklärung und Ernährungswissenschaft bieten für solche Momente der Ratlosigkeit exemplarische Tagespläne an. Wie so ein ernährungsphysiologisch ausgetüftelter Speiseplan aussehen kann, zeigen die Vorschläge des Dortmunder Forschungsinstituts für Kinderernährung und der Verbraucherzentralen. Sie basieren auf den theoretischen Grundlagen der optimierten Mischkost bzw. der Vollwert-Ernährung, die schon dargestellt worden sind.

	1. Vorschlag	2. Vorschlag
Erstes Frühstück	Frischkornbrei mit Joghurt, frischem Obst und Nüssen Kräutertee	Vollkornbrot mit Quark und Marmelade 1 Glas Milch
Zweites Frühstück	Vollkornbrot mit Butter und Käse Kohlrabischeiben Schulmilch	Vollkornbrötchen mit Butter und Schinken Tomaten-, Gurken-, Paprikastücke Apfelschorle
Mittagessen	Bunter Nudelauflauf Obstsalat der Saison	Möhren-Apfel-Rohkost Grünkernbratlinge mit Tomatensauce Joghurt mit frischem Obst
Zwischenmahlzeit	Joghurt mit frischen Früchten der Saison	Obstkuchen
Abendessen	Vollkornbrot mit Kräuterquark Tomate, Gurke, Paprika Früchtetee	Tsatsiki Pellkartoffeln Salat

(Quelle: *Bärenstarke Kinderkost,* vgl. Anm. 21)

Täglich – aber nicht alltäglich

1. Frühstück
4-6 J.	13-14 J.	
Cornflakesmüsli:		
50 g	80 g	Cornflakes
80 g	110 g	Frischobst
100 g	150 g	Trinkmilch
200 g	300 g	Früchtetee

2. Frühstück
4-6 J.	13-14 J.	
40 g	70 g	Vollkornbrot
5 g	10 g	Margarine
15 g	20 g	Camembert
Rohkost:		
50 g	70 g	Karotte
50 g	70 g	Apfel
200 g	300 g	Mineralwasser

Mittagessen
4-6 J.	13-14 J.	
Spaghetti mit Tomatensoße:		
120 g	180 g	gekochte Vollkornspaghetti
100 g	120 g	Tomaten
10 g	15 g	Zwiebeln
3 g	5 g	Sojaöl
30 g	45 g	Trinkmilch
3 g	5 g	Weizenmehl

Soße mit Kräutern, Paprika, Pfeffer und wenig Jodsalz würzen

| 200 g | 300 g | Früchtetee |

Zwischenmahlzeit
4-6 J.	13-14 J.	
30 g	50 g	Doppelkeks
80 g	100 g	Frischobst
100 g	150 g	Orangensaft mit
100 g	150 g	Mineralwasser gemischt

Abendessen
4-6 J.	13-14 J.	
70 g	110 g	Toastbrot
15 g	20 g	Margarine
Tzatziki:		
40 g	50 g	Speisequark, mager
60 g	80 g	Naturjoghurt
30 g	40 g	Gurke

mit Pfeffer und Knoblauch abschmecken

| 100 g | 150 g | Apfelsaft mit |
| 100 g | 150 g | Mineralwasser gemischt |

(Quelle: *Empfehlungen für die Ernährung von Klein- und Schulkindern*, vgl. Anm. 20)

Nun hat man solche Pläne nicht immer zur Hand. Vielleicht stimmen sie ja auch nicht mit den eigenen geschmacklichen Vorlieben überein. In der Alltagsküche helfen sie jedenfalls nur begrenzt weiter. Vor allem aber vergessen die Ernährungsexperten eines: Die meisten jungen Eltern haben nirgends gelernt zu kochen, sondern starten mit nichts anderem als den Grundkenntnissen aus dem Elternhaus.

In einigen Broschüren sind deshalb Rezepte abgedruckt, die helfen sollen, die tägliche Kochklippe zu überwinden. Ich liebe Rezepte! Nur kann es leider vorkommen, daß ich in meiner kompletten Sammlung nichts finde, was ausgerechnet für die nächste Mahlzeit in Frage käme. Entweder sind die richtigen Zutaten gerade mal nicht greifbar. Alle Läden in unserer Umgebung haben sich zum Beispiel darauf geeinigt, keinen Sesam zu führen. Oder ich habe überhaupt keine Lust, grobkörnigen Senf oder Akazienhonig oder eine andere Zutat zu kaufen, von der garantiert nach einem halben Jahr noch immer der große Rest im Kühlschrank herumrottet. Oder ich sehe beim Lesen der Rezepte schon die langen Zähne derjenigen, die das Ergebnis vorgesetzt bekommen. Also gut, machen wir Nudelsalat, den mögen alle. Warum eigentlich nicht? Wenn man den Gemüseanteil erhöht (kleingeschnittene Paprikaschoten, Tomaten, Erbsen, all das schmeckt sehr gut darin), wenn man eine leichte Joghurt-Soße herstellt, Kräuter (beispielsweise Schnittlauch) dazugibt und vielleicht sogar ganz wagemutig einen Teil der weißen Nudeln durch Vollkornnudeln ersetzt, dann ist das ein gesundes Abendessen. Und ein gutes Beispiel dafür, wie gesunde Küche funktionieren sollte: nicht, indem man täglich das Rad neu erfindet, sondern indem man auf bekannten, beliebten Gerichten aufbaut, die bei der Zubereitung leicht von der Hand gehen, sie variiert und so seine Kenntnisse langsam erweitert. Beim Vertrauten ansetzen und sich langsam in unbekanntes Gelände vorwagen. Also zum Beispiel bei gut bekannten Gerichten den Zucker reduzieren. Oder saure Sahne durch Joghurt ersetzen. Oder den Gemüseanteil erhöhen. Dann mal ein neues Gewürz dazu. Oder frische Kräuter darüberstreuen. Ausprobieren, wie sich Sonnenblumenkerne oder Nüsse darin machen. Und immer wieder überrascht sein. Das langsame Vorgehen hindert ja nicht daran, je nach Lust und Laune etwas völlig Neues auszuprobieren!

Die Rezepte, die ich im folgenden vorstelle, sind zum Teil solche Grundrezepte, die immer wieder verändert werden können. Manche werden Sie sicherlich so oder ähnlich kennen. Manche der Rezepte haben den Vorteil, daß immer mehrere der wichtigsten Grundnahrungsmittel in ihnen untergebracht werden können. Viele lassen sich in einem Gefäß herstellen, so daß es nicht nötig ist, verschiedene Garvorgänge, die nebeneinander herlaufen, zu beobachten. Manche fallen aus dem Rahmen und wollen dazu anregen, mit Kindern Ungewöhnliches zu wagen. Alle sollen dazu ermutigen, sich nicht an Rezepte zu klammern, sondern entsprechend dem eigenen Geschmack die Vorschläge in den eigenen Küchenalltag einzubauen. Dabei möchte ich betonen, daß die Vorschläge in diesem Kapitel – wie alle Rezepte dieses Buches – keine bis ins Detail berechneten idealen Nährstoffzusammensetzungen enthalten. Auch auf die Gefahr, daß die gelernten Ernährungswissenschaftler die Hände über dem Kopf zusammenschlagen. Sie gehören trotzdem hierher, denn sie zeigen, was man alles für Kinder und mit Kindern in der Küche machen kann. Und wie man sich – Pi mal Daumen – genußvoll, abwechslungsreich und gesund ernähren kann.

Rezepte und Tips für die Grundausstattung

Aufläufe

Der Auflauf ist ein Essen für alle Fälle. Für den Fall, daß man nicht so genau weiß, was man kochen will, daß man Reste verwerten muß, daß die Haushaltskasse fast leer ist und sogar für den Fall, daß man Besuch bekommt und etwas Besonderes auf den Tisch bringen will. Es gibt eigentlich nichts, was man nicht in einem Auflauf unterbringen kann. In den meisten Fällen sind jedoch Nudeln, Kartoffeln oder Gemüse die wichtigsten Zutaten, eventuell ergänzt durch Fleisch oder Fisch und mit Käse, Sahne oder Eiermilch überbacken.

Grundrezept und Variationen
Die Urmutter aller Aufläufe kennen die meisten wahrscheinlich noch aus ihrer Kindheit: Nudeln kochen, kleingeschnittenen gekochten Schinken und eventuell Erbsen dazugeben. Käse drüberreiben, Butterflöckchen drauf. Und für etwa zehn Minuten ab in den Backofen. Wichtig ist es, immer darauf zu achten, daß der Käse nicht zu dunkel wird.

Das kann man heute noch so ähnlich machen. Etwas zeitgemäßer ist jedoch folgendes Grundrezept: Für einen Auflauf braucht man pro Person etwa 70 Gramm Nudeln und etwa 200 Gramm gemischtes Gemüse. Geeignet zum Mischen sind zum Beispiel Möhren, Erbsen, Kohlrabi, Zucchini, Broccoli. Die Nudeln werden in Salzwasser bißfest gekocht. Die Gemüse geputzt und in wenig Wasser gedünstet. Beides wird abwechselnd in eine gefettete Auflaufform geschichtet und schließt immer mit einer Schicht Nudeln ab. Darüber gießt man eine gewürzte Soße. Sie kann zum Beispiel aus 2 Eiern, 100 Gramm saurer Sahne und 100 Gramm geriebenem Käse bestehen. Der Auflauf wird eine gute halbe Stunde im Herd überbacken. Man kann auch statt 2 Eiern nur eines nehmen, oder die Eier ganz weglassen, die saure Sahne durch Crème fraîche oder Schmand ersetzen, Käse pur über dem Auflauf verteilen und darauf Butterflöckchen setzen. Man kann verschiedene Käsesorten mischen, zum Beispiel Parmesan (muß immer gemischt werden, da er allein zu trocken ist), Mozarella, Emmentaler oder sich auch mal an Schafkäse wagen. Man kann Semmelbrösel unter den geriebenen Käse rühren und darauf erst Butterflöckchen legen (sehr knackig!). Zum Würzen eignen sich neben Salz und Pfeffer auch Muskat, Paprika, Thymian, Estragon oder etwas ganz anderes. Und natürlich frische Kräuter.

Doch damit sind die Variationsmöglichkeiten noch nicht am Ende: Man kann Auflauf mit Vollkornnudeln, Weißmehlnudeln oder einem Gemisch aus beidem herstellen. Herzhaft und sättigend ist er auch, wenn statt der Nudeln gekochte und in Scheiben geschnittene Kartoffeln die Grundlage bilden. Andere Gemüsekombinationen als die oben beschriebene sind ebenfalls möglich. So passen Möhren und Lauch gut zusammen. Sehr lecker ist es, wenn man einen Auflauf mit Champignons anfertigt, die mit einer Zwiebel und etwas Knoblauch einige Minuten gebraten worden sind. Aber auch Blumenkohl eignet sich, der mit etwas gekochtem Schinken vermischt wird. Gewürztes, gebratenes Fleisch kann eingeschichtet werden. Zum Beispiel Reste vom Huhn. Oder bröselig gebratenes Hackfleisch, das mit Salz, Pfeffer und einem Teelöffel Herbes de Provence gewürzt wurde. Tomaten als Zwischenschicht sorgen dafür, daß der Auflauf saftig wird. Man kann bei einem Auflauf alles machen, nur eins nicht: etwas falsch machen.

Reistöpfe

Reistöpfe sind ebenfalls ein unkompliziertes Gemisch aus verschiedenen Zutaten. Um es herzustellen, werden Gemüse und eventuell Fleisch angebraten, dann werden Flüssigkeit und Reis dazugegeben und alles zusammen wird langsam gegart.

Oder umgekehrt: Zunächst den Reis dünsten, dann die anderen Zutaten zufügen. Im ersten Fall wird der Geschmack intensiver, im zweiten werden die Nährstoffe des Gemüses besser geschont. Hier zwei Rezepte, eins für jede Zubereitungsmethode.

Die Erst-Gemüse-dann-Reis-Methode
Eine Zwiebel, 2 Knoblauchzehen und 2 grüne Paprikaschoten werden gewürfelt und in 3 bis 4 Eßlöffel Olivenöl wenige Minuten angedünstet. 200 Gramm gekochter Schinken und 150 Gramm Knoblauch-Fleischwurst hinzufügen und anbraten. 500 Gramm Tomaten häuten, würfeln und hinzufügen. Mit 1/2 Liter Gemüsebrühe ablöschen. Mit Thymian und Basilikum (frisch je 1 Eßlöffel, getrocknet je 1 Teelöffel) und einigen Spritzern Tabasco würzen. Nach und nach 250 Gramm Reis einrühren und etwa 20 Minuten garen lassen. Sehr fein schmecken dazu 250 Gramm geschälte Garnelen.

Die Erst-Reis-dann-Gemüse-Methode
Eine Zwiebel und eine Knoblauchzehe, beide gewürfelt, werden in drei Eßlöffeln Öl angedünstet. Man gibt eineinhalb große Tassen Reis dazu, läßt ihn einen Moment mitdünsten und löscht dann mit der doppelten Menge (3 große Tassen) heißer Gemüsebrühe. Aufkochen lassen und auf kleine Hitze hinunterschalten. Einen großen Blumenkohl putzen und in kleine Röschen teilen. Diese nach 10 Minuten zusammen mit 2 Eßlöffeln Rosinen, einem Eßlöffel Curry und, wenn man mag, einem Stück Ingwerwurzel dazugeben. Vorsichtig umrühren und weitere 15 Minuten köcheln lassen. Mit Salz und eventuell weiterem Curry abschmecken und 2 Eßlöffel gehackte Mandeln darüberstreuen.

Tip: Besonders schonend wird Reis gegart, wenn man ihn mit der doppelten Menge Wasser aufsetzt, würzt, einmal aufkochen läßt und dann bei kleinster Hitze 20 – 25 Minuten ausquellen läßt. Das Kochwasser wird dabei völlig vom Reis aufgesogen, so daß alle Nährstoffe weitgehend erhalten bleiben.

Hirsetöpfe

In den letzten Jahren hat die Hirse ein Comeback erlebt, eine pikant schmeckende Getreideart, die sich ausgezeichnet mit Gemüse kombinieren läßt. Um einen Hirsetopf herzustellen, dünstet man eine Zwiebel in etwas Fett, fügt Gemüse hinzu (ca. 200 Gramm pro Person) und läßt es einige Minuten garen. Dann füllt man die gewaschene Hirse (ca. 50 Gramm pro Person) auf das Gemüse und gießt mit Gemüsebrühe auf (1/8 Liter auf 50 Gramm Hirse). Das Gericht schmort zugedeckt etwa 20 Minuten, wird abgeschmeckt (je nach Wunsch mit Salz, Pfeffer, Zitronensaft, frischgehackten Kräutern) und ist fertig. Wer mag, kann kurz vor Ende der Garzeit etwas gekochten Schinken oder kleingeschnittene geräucherte Putenbrust unterziehen. Da Hirse einen sehr ausgeprägten Geschmack hat, kann sie mit kräftig schmeckenden Gemüsen kombiniert werden, zum Beispiel mit Paprika oder Fenchel. Aber auch zarte Sorten wie Gurke oder Zucchini, die das Hirsearoma stärker in den Vordergrund treten lassen, sind geeignet.

Eintöpfe

Wer wie ich aus dem Ruhrgebiet kommt, kennt eine Reihe von sättigenden, preiswerten Mahlzeiten aus einem Topf, bei denen Kartoffeln, Hülsenfrüchte und Gemüse verarbeitet werden. Erbsen-, Linsen- und Bohnensuppen sind die bekanntesten Vertreter dieser Gattung. Häufig werden auch Kartoffeln und Gemüse mit Fleisch oder in wenig Brühe gegart und anschließend zusammengestampft. Ich möchte drei Beispiele als Anregung geben, ein traditionelles, aber wenig bekanntes, eins, das von der Kochbuch-Autorin Inge Schiemann sehr schmackhaft modernisiert worden ist und eins, das zeigt, wie man die eiweiß- und ballaststoffreichen Hülsenfrüchte heute – schlank und modern – zubereiten kann.

Endivien untereinander

Kartoffeln (ca. 200 Gramm pro Person) werden in der Schale gekocht. In der Zwischenzeit 1 großen Endiviensalat putzen, waschen und in schmale Streifen schneiden. Aus 1 1/2 Eßlöffel Essig, 4 Eßlöffel Öl, Salz, Pfeffer, 1 großen, feingewürfelten Zwiebel und 1 Knoblauchzehe wird mit Salz und Pfeffer eine kräftige Soße gerührt und unter den Salat gemischt. Die Kartoffeln pellen und dazu gegeben. Alles grob zerstampfen. Wer eine Fleisch-Einlage wünscht, kann dazu gebratene Blut- oder Fleischwurstscheiben anbieten.

Kartoffel-Möhren-Topf

Für 4 Personen 800 Gramm Kartoffeln, 800 Gramm Möhren und einen säuerlichen Apfel schälen, in grobe Stücke schneiden und in einen Topf schichten. 2 Eßlöffel Butter und 1/4 Liter Gemüsebrühe dazugeben. Im geschlossenen Topf ca. 20 Minuten dünsten. 4 Eßlöffel Crème fraîche mit 1 Teelöffel Senf verrühren und unter das Gemüse geben, noch zwei Minuten im offenen Topf schmoren lassen. 6 Eßlöffel Kürbiskerne ohne Fett anrösten. Über das Gericht streuen. Ein Tablett Kresse darüber schneiden.

Linsensuppe
200 Gramm Linsen werden gewaschen und 3 Stunden lang in gut einem Liter Wasser eingeweicht. Dann fügt man eine feingehackte Knoblauchzehe, eine gewürfelte Zwiebel und ein Lorbeerblatt hinzu und läßt die Linsen im Einweichwasser weich kochen. Die Suppe wird mit 1 Teelöffel Gemüsebrühe und 1/2 Teelöffel Oregano gewürzt. 200 Gramm Tomaten werden mit kochendem Wasser übergossen, enthäutet, gewürfelt und mit 2 Eßlöffel Obstessig und 2 Eßlöffel Olivenöl verrührt. Die Mischung vor dem Servieren unter die Suppe ziehen.

Gesund in den Tag

Wie man es mit dem Müsli hält, ist zur Gretchenfrage vieler geworden, die sich gesunde Ernährung auf die Fahne geschrieben haben. Man kann schon fast sagen, daß die Gemeinschaft der Esser dadurch in zwei unversöhnliche Lager gespalten wird. Hier die kleine, aber widerstandsfähige Fraktion der Müsli-Mümmler, gesundheitsbewußt, streßgeschützt und mit blendender Verdauung, dort das weite Feld der Ignoranten, weißmehlgeschwächt mit bröckelnden Zähnen. Die wiederum halten die Müsli-Fraktion für moralinsauer und genußfeindlich. Eins wird dabei meistens vergessen: Ob man den Tag mit Müsli beginnt oder nicht, ist keine Glaubensfrage, sondern eine Geschmacksfrage. Und der ist nicht jeden Tag gleich. Wir haben zum Beispiel Müsli-Zeiten und müslifreie Zeiten. Es gibt allerdings drei Gründe, die für Müsli sprechen. Erstens sättigt das Zeug enorm. Zweitens gibt es das gute Gefühl, schon am frühen Morgen eine Menge für die Gesundheit der Familie getan zu haben. Man atmet auf und muß sich für den Rest des Tages nicht mehr so anstrengen. Und drittens kommt es dem Bedürfnis von Kindern entgegen, ihre Mahlzeit nach Lust und Laune und natürlich nach Hunger zusammenzustellen. Am familieneigenen Frühstücks-Buffet werden alle Zutaten in Schälchen und Kännchen auf den Tisch gestellt. Angeboten werden unterschiedliche Getreideflocken, Milch, Joghurt, Honig, Rosinen, Mandeln, Nüsse, verschiedene geschnibbelte Obstsorten oder Beeren. Jeder mischt sich zusammen, wozu er gerade Lust hat.

Wem das am frühen Morgen zuviel Aufwand ist, der sei getröstet; Haferflocken mit Milch und einem kleingeschnittenen Apfel – auch das ist Müsli! Alle, bei denen es morgens ganz schnell gehen muß, können sich ihr Müsli auch einmal in der Woche zusammenmischen. Eine kindersichere Kombination in dem Sinn, daß sie Kindern sicher schmeckt, sind zum Beispiel Hafer- und Roggenflocken, Cornflakes, gehackte Haselnüsse und Sonnenblumenkerne. Von jeder Sorte fünf Eßlöffel voll in einer fest verschließbaren Dose aufbewahrt, das ist gerade die Ration für eine Person und eine Woche, die jeden Morgen nur noch mit Milch, Joghurt oder Saft und Obst ergänzt werden muß.

Um **Frischkorn-Brei** herzustellen, läßt man im Bio-Laden Körner grob schroten (Weizen oder eine Mischung verschiedener Körner schmeckt gut). Für eine Portion Müsli 3 Eßlöffel Körner in ein Schüsselchen füllen und soviel Leitungswasser dazugeben, daß man daraus einen nicht zu weichen Brei rühren kann. Den läßt man bedeckt 5 bis 12 Stunden stehen. Dann gibt man frisches Obst und je nach Geschmack Rosinen, Nüsse oder Mandeln dazu und gießt mit Sahne, Joghurt oder Milch auf. Eventuell mit Honig süßen. Fertigmüslis sind oft weniger empfehlenswert, da sie zuviel Zucker enthalten.

Wer morgens auf Müsli verzichtet, verkürzt dadurch seine Lebenserwartung nicht automatisch um eine halbe Stunde. Frisches Vollkornbrot oder Vollkornbrötchen belegt mit Käse, magerer Wurst, Quark und Marmelade oder mit einem selbstgebastelten vegetarischen Aufstrich, dazu ein bißchen Joghurt, eine Schüssel Obst auf den Tisch – auch das ist gesund! Und was ist mit Weißmehlbrötchen, Schinken und weichgekochten Eiern? Wenn man sich nicht einseitig damit ernährt, kann man sich diesen Genuß wie jeden anderen von Zeit zu Zeit gönnen.
Ich persönlich ziehe frische **Vollkornbrötchen** vor. Weil Kinder gerne backen, sollte man sie einmal selbst herstellen:

500 Gramm Weizenvollkornmehl, 30 Gramm Hefe, 2 gestrichene Teelöffel Salz, 350 Milliliter Wasser, etwas Streumehl.
Hefe im Wasser auflösen, Salz zufügen und das Mehl zügig einarbeiten. Teig etwa 12 Minuten kneten, dabei wenig Streumehl verwenden und anschließend etwa 20 Minuten gehen lassen. Inzwischen den Backofen auf

250 Grad (Gas Stufe 5-6) vorheizen und eine Schüssel mit 1/4 Liter kaltem Wasser einschieben. Den Teig noch einmal kräftig durchkneten und zu einem rechteckigen Stück formen. Dieses zunächst in fünf gleichgroße Teile teilen, jedes Teil noch einmal vierteln. Daraus werden Brötchen geformt. Man kann sie mit kaltem Wasser bestreichen und die Oberfläche nach Wunsch in Kümmel, Sesam, Sonnenblumenkernen, Haferflocken oder Mohn tauchen. Die Brötchen auf ein gefettetes Backblech setzen und noch einmal 20 Minuten gehen lassen. Dann 15-20 Minuten backen. Die Brötchen lassen sich gut einfrieren.

Lob der Kartoffel

Es ist noch gar nicht so lange her, da wurden die Knollen mit der Bemerkung abgetan »Kartoffeln gehören in den Schweinebauch«. Heute sind viele der Ansicht, sie gehören in Streifchen geschnitten in die Friteuse, um als Pommes frites wieder aufzutauchen. Oder – um das andere Extrem zu nennen – sie hätten nur als Pellkartoffeln eine Existenzberechtigung, weil dann all ihre wichtigen Vitamine und Mineralstoffe erhalten bleiben. Kann ja sein. Aber was für eine Unterschätzung eines der spannendsten Lebensmittel, das wir haben. Kartoffeln sind Anpassungskünstler. Sie fügen sich in jede Sauce, schmelzen mit Milch dahin, kommen knackig und kräuterduftend vom Backblech, harmonieren mit jedem Käse, und als ich zum ersten Mal Herzoginkartoffeln gegessen habe, da war ich sicher, wenn schon keinen neuen Stern, dann doch wenigstens einen unbekannten Erdteil entdeckt zu haben. Hier sind nur einige der vielen Kartoffelvariationen.

Gewürz-Püree
Wie man Kartoffelbrei herstellt, muß wahrscheinlich nicht ausführlich erklärt werden: Die Kartoffeln werden gekocht, durch eine Presse gequetscht, mit heißer Milch aufgelockert und mit einem Stich Butter geschmacklich veredelt.

Ganz ungewohnt schmeckt ein Gewürz-Püree. Um es herzustellen, kocht man 250 Gramm in Ringe geschnittene Zwiebeln ca. 1/2 Stunde in 1/4 Liter Bouillon weich. 10 Minuten später werden 500 Gramm mehlige oder – falls die nicht zu haben sind, was aus einem unbekannten Grund meistens der Fall ist – halbfest kochende Kartoffeln in der Schale aufgesetzt. Nach 20 Minuten abschütten, pellen und durch die Kartoffelpresse drücken. Die weichen Zwiebeln werden ebenfalls passiert. Zusammen mit den Kartoffeln und der Bouillon werden sie bei kleiner Hitze mit dem Schneebesen zu einem nicht zu festen Brei vermengt. Bei Bedarf eventuell noch etwas heiße Bouillon zugeben. Falls nötig mit Salz, Pfeffer und geriebener Muskatnuß abschmecken. Das schmeckt zu einem kleinen Schnitzel natur.

Auch als Gemüse-Kartoffel-Püree, zum Beispiel vermischt mit pürierten Möhren oder Blumenkohl, der mit etwas Safran gewürzt wurde, kommt der Knollen-Brei bei Kindern gut an.

Kräuterkartoffeln

Sie schmecken am besten mit neuen Kartoffeln. Von denen werden möglichst gleich große Exemplare gut gewaschen und in etwa einer viertel Stunde in der Schale gar gekocht (die Menge variiert je nach Anzahl der Esser), dann abschütten und längs durchschneiden. Die Hälften legt man mit der Schnittfläche nach oben in eine gefettete Auflaufform und streut reichlich feingehackte Kräuter darüber. Je ein Bund Petersilie, Schnittlauch und Dill sind gerade richtig, mit anderen Kräutern darf experimentiert werden. Jetzt gibt man ein paar Klekse Schmand oder saure Sahne darüber, deckt mit etwa 100 Gramm frisch geriebenem Greyerzer ab und schiebt die Kartoffeln für knapp 10 Minuten in den vorgeheizten Backofen, wo sie sich bei 200 Grad in eine duftende, goldgelbe Mahlzeit verwandeln.

Überbackene Kartoffeln

Dieses Gericht dauert zwar etwas länger, ist aber nicht schwierig und lohnt die Mühe. Für vier Personen werden 700 Gramm rohe Kartoffeln geschält und in sehr dünne Scheiben geschnitten. 150 Gramm saure Sahne wird mit 125 Gramm geriebenem Käse (Greyerzer, Emmentaler oder Appenzeller), einer feingehackten Zwiebel und einem in Röllchen geschnittenen Bund Schnittlauch verrührt und mit Salz und Pfeffer abgeschmeckt. In eine gefettete Auflaufform legt man die Hälfte der Kartoffelscheiben, salzt und pfeffert sie, gibt darauf die Hälfte der Käsemasse und wiederholt diesen Vorgang. Ein paar Butterflöckchen werden verteilt, bevor die Form im vorgeheizten Backofen (225 Grad) verschwindet, wo sie die nächsten 50 bis 60 Minuten bleibt. In dieser Zeit kann man eine große Schüssel gemischten Salat herstellen, der dieses köstliche Essen geschmacklich und vitaminlich ergänzt.

Kartoffelpuffer

Wenn es bei uns Kartoffelbrei gibt, dann gerät die Portion fast immer viel zu groß. Vermutlich kocht an solchen Tagen das Unterbewußtsein mit, denn aus dem Rest werden Kartoffelpuffer hergestellt, so wie meine Mutter sie schon zur großen Freude der Familie machte. Dazu gibt man in die Kartoffelmasse ein Ei und fügt soviel Mehl hinzu, bis sie sich gut formen läßt. Kräftig mit den Händen durcharbeiten – eine Tätigkeit, bei der man der Mithilfe der Kinder gewiß sein kann – und mit bemehlten Händen Puffer formen (etwa in der Größe von Berliner Ballen, nur flacher), die man in Butterschmalz langsam goldbraun braten läßt. Dazu paßt Apfelmus, aber nicht das stromlinienförmige aus Gläsern, sondern selbstgemachtes, in dem noch kleine Apfelstücke sind und vielleicht Rosinen und das auch ein wenig nach Zimt schmecken kann. Eine herzhafte Variante dieses Gerichts kann man herstellen, indem man gehackte Kräuter zur Kartoffel-Eier-Mehl-Masse gibt und 80 Gramm Mozarella und 125 Gramm geriebenen Parmesan (immer frisch reiben) hinzufügt.

Sauerkraut-Kartoffeln

Sauerkraut wird von allen Ernährungswissenschaftlern hochgerühmt. Die Verbindung mit Kartoffeln macht die Säure angenehm mild.

Es werden 500 Gramm Zwiebeln, 2 Knoblauchzehen und 1 Kilo Kartoffeln geschält und gewürfelt, wobei die Kartoffelwürfel deutlich größer ausfallen sollten. In einem großen Topf erhitzt man 4 Eßlöffel Soja- oder Sonnenblumenöl, brät darin die Zwiebel- und die Knoblauchwürfel glasig und fügt Kartoffelwürfel und 1 Kilo zerpflücktes Sauerkraut hinzu. Man streut 2 Eßlöffel mildes Paprikapulver und 1 gehäuften Eßlöffel Kümmel darüber und rührt gut um. Jetzt wird 1/4 Liter Gemüsebrühe dazu gegossen, aufkochen lassen und bei kleiner bis mittlerer Hitze ca. 20 Minuten garen. Mit einer Prise Cayennepfeffer abschmecken. Auf Teller füllen und auf jede Portion einen Klecks saure Sahne geben. Feingehackte Petersilie und Schnittlauch darüber streuen.

Kartoffelsalat

Zu den Gerichten mit schier unendlichen Variationsmöglichkeiten gehört auch der Kartoffelsalat. Vergessen Sie die Produkte aus den großen Plastikeimern, die an Imbißbuden und in nicht wenigen Gaststätten als Kartoffelsalat serviert werden. Stellen Sie ihn selbst her und zwar aus festkochenden Kartoffeln, die in der Schale gekocht, gepellt und in Scheiben geschnitten werden. Die einfachste Methode der Zubereitung besteht darin, ihn mit einer einfachen Essig-Öl-Marinade (Verhältnis 1: 4) zu vermischen, die mit Salz, Pfeffer und 1/2 Teelöffel Senf gewürzt wurde. Viel feingeschnittenen Schnittlauch darüber streuen. Eingelegte Gurken und Zwiebeln in feine Würfel geschnitten machen den Salat würzig, kleingeschnittene Tomaten, Paprikaschoten, Äpfel lassen ihn frisch und fruchtig schmecken. Sehr lecker ist es auch, wenn man eine Salatgurke in feinen Scheiben unter den Kartoffelsalat mischt. Eine leichte Mayonnaise mit einem Anteil Joghurt schadet ihm auch nicht. Wir mögen gern die bayrische Art, bei der die geschnittenen Kartoffeln zunächst mit heißer Fleischbrühe übergossen werden (1/8 Liter auf 1 Kilo Kartoffeln), bevor sie mit der Marinade angemacht und mit vielen Kräutern wie Petersilie, Schnittlauch, Kerbel und Dill überstreut werden.

Herzoginkartoffeln

Sie sind eine feine Beilage und kein komplettes Gericht. Aber weil ich mich weiter oben so enthusiastisch darüber geäußert habe, will ich sie hier nicht vorenthalten. Um sie herzustellen, rührt man unter 500 Gramm heiße Kartoffelmasse (aus mehligen Kartoffeln, in Salzwasser gekocht) 2 Eigelb und 20 Gramm Butter. Diese Masse drückt man mit dem Spritzbeutel (große Sterntülle) auf ein gebuttertes Backblech, bestreicht die appetitlichen kleinen Häufchen mit verquirltem Eigelb und backt sie goldbraun.

Quarkkeulchen

Ißt Ihr Kind garantiert keine Kartoffeln mit Quark? Dann probieren Sie dieses traditionelle sächsische Rezept aus und beantworten Sie die Frage noch einmal. 800 Gramm gekochte Pellkartoffeln vom Vortag (mehligkochend) werden in eine Schüssel gerieben. 100 Gramm Rosinen mit heißem Wasser überbrühen und 5 Minuten quellen lassen. Dann 100 Gramm Mehl und ein Teelöffel Backpulver über die Kartoffeln sieben. Durch ein Sieb wird 500 Gramm Magerquark dazugestrichen. Jetzt verquirlt man 2 Eier und gibt sie ebenso wie einen halben Teelöffel Salz, 1 Prise Muskat, die abgeriebene Schale einer halben Zitrone und ein Päckchen Vanillezucker dazu. Die Rosinen – abgetropft, trockengetupft und leicht mit Mehl bestäubt – kommen ebenfalls dazu. Die Masse wird zu einem gut formbaren Teig verknetet und zu einer Rolle von 5 bis 6 Zentimeter Durchmesser geformt. Davon schneidet man etwa 1 1/2 Zentimeter dicke Scheiben ab – die Keulchen –, drückt sie flach und brät sie in Butterschmalz von beiden Seiten goldbraun.

Wenn's schnell gehen muß

Schnell gehen muß es mit Kindern häufig. Und ganz besonders dann, wenn man auch noch berufstätig ist. Da ist die Versuchung groß, im Geschäft in die Tiefkühltruhe zu greifen und eins dieser unkomplizierten Fertiggerichte mitzunehmen. Das läßt sich sicher von Zeit zu Zeit nicht vermeiden, sollte aber nicht zur Regel werden. Durch alle möglichen Zusatzstoffe setzt man sich nicht nur gesundheitlichen Beeinträchtigungen aus (Allergiegefährdung), man gewöhnt sich auch an einen fremdgewürzten Einheitsgeschmack und vergißt völlig, wie Lebensmittel eigentlich schmecken. Akzeptabel ist es dagegen, tiefgekühltes Gemüse zu verwenden. Es wurde nährstoffschonend verarbeitet und kann gute Dienste leisten, wenn die Zeit zum Gemüseputzen einmal fehlt. Außerdem retten einige Tiefkühlgemüse im Vorrat die Situation, wenn auf einmal nach der Schule drei Kinder statt einem vor der Tür stehen. Tiefgekühltes Gemüse ist solchem in der Dose immer vorzuziehen. Es ist gesünder und schmeckt deutlich besser. Viele verbinden die Vorstellung von schneller Küche mit Nudelküche. Natürlich haben Nudeln einen festen Platz auf der Hitliste der fixen Gerichte. Aber mit ein paar Tricks läßt sich das Repertoire beachtlich erweitern:

- Kartoffeln sind in null Komma nichts gar, wenn sie in dünne Scheiben geschnitten und in Salzwasser oder Brühe gekocht werden. So vorbereitet können sie zu Kartoffelsalaten, Aufläufen und Gratins weiterverarbeitet werden.
- Zur Herstellung von Kartoffelbrei kann man die Kartoffeln in kleine Würfel schneiden und dadurch sehr schnell garen.
- Auch Gemüse wird viel schneller gar, wenn es in kleine Würfel oder Scheiben geschnitten wird.
- Nicht nur Eier, auch Champignons können mit dem Eierschneider in gleichmäßige Scheiben geschnitten werden.
- Tiefkühlpackungen kann man schneller öffnen, wenn man sie geschlossen einen Moment in warmes Wasser legt.
- Tomaten, Mandeln u.ä. lassen sich leicht pellen, wenn man sie mit kochendem Wasser überbrüht.
- Zwiebeln und Möhren kann man auf dem Gurkenhobel in gleichmäßige Scheiben schneiden.

- Um Kartoffeln in hauchdünne Scheiben zu schneiden, benutze ich die elektrische Brotschneidemaschine (aber nur mit dem Fingerschutz).
- Eiweiß wird schneller steif, wenn man etwas Zitronensaft zugibt.

Und hier ein paar köstliche Rezepte für die schnelle Küche.
»Was gibt es bei euch, wenn es schnell gehen muß und gesund sein soll?« habe ich einige vielbeschäftigte junge Eltern gefragt. Häufigste Antwort: Pfannkuchen. Wie man Apfelpfannkuchen herstellt, dürfte in jeder Familie bekannt sein. Deshalb hier drei andere Möglichkeiten:

Einfach und gesund: Kräuterpfannkuchen
250 Gramm Weizenvollkornmehl wird mit 2 Eiern und je 250 Millilitern Milch und Wasser verrührt. Leicht salzen. Reichlich frische Kräuter fein hacken – zum Beispiel Petersilie, Schnittlauch und Basilikum – und unter den Teig ziehen. In einer mittelgroßen Pfanne Öl erhitzen (insgesamt werden etwa 40 Gramm gebraucht) und die Pfannkuchen nach und nach ausbacken. Dazu kann man Blattsalate essen.

Üppig: Gefüllte Pfannkuchen
Feine Pfannkuchen kann man mit Broccoli, Schinken und Käse füllen. Eine Packung Broccoli aus dem Tiefkühlfach nehmen. Jetzt wird der Teig aus 100 Gramm weißem Mehl, 1/8 Liter Milch, 2 Eiern, Salz und Pfeffer angerührt. Während er zugedeckt quillt, bereitet man die Füllung. Dazu wird ein Becher Vollmilchjoghurt (150 Gramm) mit einem Eßlöffel Zitronensaft und einer zerdrückten Knoblauchzehe verrührt, mit Salz und Pfeffer abgeschmeckt und bis zum Servieren kühlgestellt. Den inzwischen angetauten Broccoli zerteilt man in kleine Röschen, die Stiele werden kleingeschnitten. 150 Gramm gekochter Schinken und 100 Gramm Appenzeller Käse werden in feine Streifen geschnitten. Jetzt muß man mit 2 Pfannen arbeiten. In der einen wird eine Zwiebel in 1 Eßlöffel Butter angedünstet. Broccoli hinzufügen und 3 Minuten garen. Dabei gelegentlich rühren. Schinken kurz mitbraten. Kurz vor dem Servieren Käsestreifen unterheben. Gleichzeitig werden in der zweiten Pfanne in heißem Öl vier Pfannkuchen gebraten. Das erfordert etwas Schnelligkeit, aber als Mutter oder Vater sind sie es wahrscheinlich gewöhnt, ihre zwei Hände so zu benutzen, als seien

es drei. Die Pfannkuchen werden mit der Gemüsemischung und dem Joghurt gefüllt.

Tip: Sehr gut geeignet zum Füllen von Pfannkuchen sind Zuchtchampignons (ca. 300 Gramm). Sie werden geputzt, in Scheiben geschnitten und in etwas Fett mit einer Zwiebel gedünstet, bis die Flüssigkeit verdampft ist. 1/8 Liter Sahne dazu gießen, leicht einkochen lassen, mit Salz und Pfeffer würzen. Die Pfannkuchen können aus Weißmehl oder Vollkornmehl hergestellt werden.

Überraschend: Pfannkuchen-Pizza

Dieses Gericht sollte zwar nicht zu häufig auf den Tisch kommen, aber es ist ganz fix gemacht und findet immer begeisterte Abnehmer. Der Backofen wird auf 225 Grad vorgeheizt. 100 Gramm Mehl werden mit 1/8 Liter Milch und 3 Eiern verrührt, gesalzen und gepfeffert. Das Backblech wird mit 1 Eßlöffel Öl bestrichen. Darauf wird der Teig gegossen und glattgestrichen. Während der Pfannkuchenteich neun Minuten lang auf der mittleren Einschubleiste bäckt, werden zwei Zwiebeln und zwei Knoblauchzehen geschält, gewürfelt und in zwei Eßlöffeln Öl angedünstet. Eine Packung (250 Gramm) pürierte Tomaten zugeben, salzen und pfeffern. 300 Gramm Tomaten waschen und in Scheiben schneiden. Einen Mozarella-Käse würfeln. Inzwischen dürfte der Pfannkuchenteig gut vorgebacken sein. Er wird aus dem Backofen geholt, mit der Tomatensoße bestrichen und mit 100 Gramm Salami, den Tomaten und dem Mozarella belegt. Es sieht schöner aus und schmeckt besser, wenn man auch schwarze Oliven darauf verteilt, aber die Kinder werden sie hinterher wahrscheinlich herauspulen. Sollen sie. Irgendwann werden sie auch schwarze Oliven mögen, einstweilen macht Pulen Spaß. Jetzt noch mit ein bis zwei Teelöffeln italienischer Kräutermischung würzen. Dann fünf Minuten im Backofen backen. Auf die fertige Pizza frischgehackten Schnittlauch streuen.

Andere Beläge sind denkbar: Gedünstete Paprikastreifen, Maiskörner, in Zwiebeln gebratene Pilze oder etwas anderes, das Sie gerade im Haus haben.

Das zweite Gericht, das sich in der schnellen Küche ungebrochener Beliebtheit erfreut, ist **Pellkartoffeln mit Quark** – bei den Eltern. Kinder sind –

jedenfalls nach meiner Erfahrung – nicht immer so begeistert davon. Um ihnen den Quark-Tag näher zu bringen, hat sich folgende Methode als erfolgreich erwiesen: Statt einen fertig angemachten Quark zu servieren, sollte man ihn lediglich mit ein wenig Milch glatt rühren, eventuell eine Schüssel Joghurt zum Mischen dazustellen und die Zubereitung den Kindern überlassen. Dazu stellt man in kleinen Schüsseln diverse, kleingehackte Kräuter, Gewürze und andere Zutaten auf den Tisch. Geeignet sind zum Beispiel Petersilie, Schnittlauch, Dill, Kerbel, Borretsch, Liebstöckel, geraspelte Salatgurke, gewürfelte Tomaten, klein geschnittene rote Paprikaschote, gewürfelte Zwiebel, geriebener Rettich, hartgekochte gehackte Eier, Sonnenblumen- und Kürbiskerne (die Kerne nicht bei Kindern unter drei Jahren!), gehackte Gewürzgurke und als Gewürze neben Salz und Pfeffer Kümmel, Curry, Paprikapulver und Meerrettich. Am besten deckt man den Tisch mit Fonduetellern, auf denen verschiedene Mischungen angerichtet werden können. Viel Spaß!

Überbackene Toasts sind ebenfalls eine gute Lösung, wenn es einmal schnell gehen muß. Dieses Essen hat außerdem den Vorteil, daß man die Menge beliebig erweitern kann und damit auch dann noch gerüstet ist, wenn überraschend die ganze Kindergartengruppe anrückt. Und – last not least – die Kinder können ganz einfach bei der Zubereitung helfen, sie sind beschäftigt und fragen nicht ständig, wann das Essen fertig ist. Als »Grundlage« sollte Vollkorntoast genommen werden, den es heute überall zu kaufen gibt. In höchstens einer viertel Stunde hat man zum Beispiel folgende Toasts auf dem Tisch:

Zwei grüne Paprikaschoten werden um den Strunk herum eingeschnitten, so daß man das Kerngehäuse herauslösen kann. Dann die Schoten waschen und in dünne Scheiben schneiden. Vier Tomaten ebenfalls in Scheiben schneiden. Vier Scheiben Toastbrot toasten, mit Butter bestreichen. Mit den Gemüsescheiben belegen. Scheiblettenkäse oder Butterkäse darauf legen und unter dem Grill im Backofen 6 bis 8 Minuten überbacken. Die fertigen Toasts mit feingeschnittenem Schnittlauch oder Petersilie bestreuen.

Hat man Reste von gekochtem Spargel, dann kann man ihn zu einem leckeren »**Montagstoast**« verarbeiten. Dazu kocht man für je zwei Personen ein Ei 8 Minuten, belegt das getoastete und gebutterte Brot mit dem gescheibelten Ei und den Spargelstangen und überbäckt es mit Emmentaler oder Butterkäse. Geschnittene Kresse darübergestreut gibt dem Toast einen zarten Geschmack von Schärfe und Frische.

Beim Belegen von Toasts kann man die Phantasie spielen lassen. Weiches Obst wie Birnen oder Pfirsiche kann man mit Resten vom Huhn kombinieren und unter geriebenem Gouda verstecken, Tomatenscheiben mit Salz und Oregano bestreut und mit Mozzarella überbacken, lassen den Toast italienisch schmecken. Die allersimpelste Variante hat einen Spitzenplatz in der Kindergunst: Toast mit Bananenscheiben belegt und mit jungem Gouda überbacken.

Daß sich schnelle Küche und gesundheitsbewußte Ernährung nicht ausschließen, zeigt das folgende Rezept:

Buchweizengrütze

Man dünstet eine Zwiebel in 2 Eßlöffeln Sonnenblumenöl an, gibt 250 Gramm geschroteten Buchweizen dazu, rührt um und gießt mit 3/4 Liter heißer Gemüsebrühe auf. Mit Salz und einer Prise Pfeffer würzen. Während man gemütlich den Tisch deckt, gart das Gericht bei kleiner Hitze in etwa 25 Minuten. Vor dem Servieren werden 2 Eßlöffel geriebener Käse untergemischt.

Wenn man Rezeptvorschläge für die schnelle Küche macht, dann kann man die *Nudeln* wirklich nicht links liegen lassen. Welche Nudeln genommen werden, sei den eigenen Vorräten und Vorlieben überlassen. Natürlich ist es wünschenswert, häufig Vollkornnudeln zu kochen. Kinder, die davon nicht sehr begeistert sind, geben sich vielleicht mit einer Mischung aus weißen und braunen Nudeln zufrieden.

Ganz problemlos lassen sie sich überraschenderweise von Vollkornspätzle überzeugen. Eine Spätzlereibe ist deshalb eine lohnende Anschaffung, es sei denn, Sie gehören zu den Künstlern, die den Spätzleteig vom Brett schaben können. Spätzle aus der Tüte sind keine Alternative. Die selbst hergestellten schmecken einfach unvergleichlich viel besser.

Vollkornspätzle

400 Gramm Mehl werden in eine Schüssel gegeben. Nach und nach rührt man mit dem Kochlöffel 3 – 4 Eier, 1/4 Liter Wasser und einen gestrichenen Teelöffel Salz dazu. Der Teig wird einige Minuten kräftig geschlagen. Er wird portionsweise in kochendes Salzwasser gerieben. Die Spätzle sind gar, wenn sie an die Oberfläche kommen. Das geht sehr schnell. Dann werden sie mit dem Schaumlöffel herausgehoben. Man kann sie mit Soße essen oder mit Linsen oder Sauerkraut kombinieren, aber wir mögen sie am liebsten als Käsespätzle. Dazu schichtet man sie abwechselnd mit geriebenem Käse (Idealbesetzung Greyerzer, andere Hartkäse sind auch möglich) in eine große gewärmte Schüssel und schließt mit einer reichlichen Portion in Butter gedünsteter Zwiebeln ab. Dazu: Viel grüner Salat.

Und hier noch ein paar **Soßenideen** für andere Nudelgerichte:

Eine schnelle *Gemüsesoße* kann aus tiefgefrorenem Suppengemüse hergestellt werden. Ein Päckchen à 300 Gramm wird in zehn Gramm Butter angedünstet. Nach etwa 5 Minuten mit knapp 100 Milliliter Gemüsebrühe ablöschen und zugedeckt weitere acht Minuten dünsten. Ein Päckchen passierte Tomaten zugeben, salzen, pfeffern und ohne Deckel wenige Minuten weiterschmoren. Frisch geschnittenen Schnittlauch über die fertige Soße geben.

Ebenfalls schnell gemacht ist diese einfache kalte *Tomatensoße*: 500 Gramm Flaschentomaten (das sind die länglichen) werden gehäutet, entkernt und gewürfelt. Man läßt sie 10 Minuten in einem Sieb abtropfen, gibt sie dann in eine Schüssel, schmeckt mit Salz ab und läßt sie einen Moment ziehen.

Danach werden sie püriert, mit 3 Eßlöffeln Olivenöl vermischt und mit frisch gemahlenem Pfeffer abgeschmeckt. Frisches Basilikum und Oregano tragen zur weiteren Geschmacksverbesserung bei.

Eine *fleischliche Variation* geht so: In einem Eßlöffel Fett wird eine gewürfelte Zwiebel angebraten. 2 gewürfelte Paprikaschoten (Farbe je nach Laune) und zwei ebenfalls kleingeschnittene Tomaten werden dazugegeben. Eine Knoblauchzehe darüber pressen, mit Salz, Pfeffer und Oregano würzen und 10 Minuten schmoren lassen. 200 Gramm gewürfelte Fleischwurst weitere 5 Minuten mitgaren lassen. Mit 2 Eßlöffeln Crème fraîche abrunden.

Die allerschnellste (aber auch sehr üppige) *Nudelsoße* wird *aus Sahne und Käse* hergestellt: Ein Becher Sahne wird erhitzt. Darin werden je 100 Gramm Gorgonzola und 100 Gramm geriebener Parmesan geschmolzen. Dazu paßt eine große Schüssel jedweden Salats. Die Soße schmeckt umwerfend. Vorschlag: Gelegentlich genießen und anschließend drei fettfreie Tage einlegen.

Milch-Mahlzeiten

In meiner Kindheit war die letzte Mahlzeit des Tages für Kinder grundsätzlich eine Milch-Mahlzeit. Das ist prinzipiell keine so schlechte Idee. Es sättigt, beruhigt für die Nacht (nicht umsonst wird bei Schlafstörungen ein Glas warme Milch empfohlen). Und über die Frage, ob die Kinder im Laufe des Tages genügend Calcium zu sich genommen haben, muß man sich auch keine Gedanken mehr machen. Ideal ist es, wenn bei der Milch-Mahlzeit auch noch Getreide verarbeitet wird. Da Milch-Mahlzeiten jedoch meist süße Mahlzeiten sind, sollte man sie nicht öfter als ein- bis zweimal wöchentlich servieren.

Ein Standardessen, das wir als Kinder immer gern mochten, waren **Zwieback mit Milch**, im Sommer kalt, im Winter warm. Die Angelegenheit wurde mit viel Zucker versüßt und natürlich durfte ein kräftiger Stich »gute Butter« nicht fehlen. Bei uns kommen Zwieback und Milch heute in einer schlankeren Version auf den Tisch. Den Zwieback (am besten Vollkornzwieback) in große Stücke brechen, reichlich kleingeschnittene Erdbeeren dazu geben und mit kalter Milch auffüllen. Andere Beeren – zum Beispiel Himbeeren und Blaubeeren – sind ebenso geeignet. Wenn die Früchte reif und süß sind, ist zusätzlicher Zucker überflüssig.

Milchreis im Töpfchen geht aus der Kühltheke des Supermarkts weg wie warme Semmeln. Das Zeug sieht etwas schleimig aus und hat geschmacklich keine Chance gegen selbstgemachten Milchreis. Man braucht dazu 2 Tassen Milchreis. Er wird mit kochendem Wasser überbrüht. Gut abtropfen lassen. Jetzt gibt man vier Tassen Milch in einen Topf und fügt das abgeriebene Gelb von 1/4 ungespritzter Zitrone hinzu. Man bringt die Milch zum Kochen, gibt den Reis, sowie 80 Gramm Zucker und eine Prise Salz dazu und läßt ihn 20 Minuten langsam weiterkochen. Traditionell gab es bei uns Zucker und Zimt zu diesem Reis. Er kann jedoch ebensogut mit Apfelmus oder mit frischen Früchten wie Kirschen, Erdbeeren, Pfirsichen oder Ananas gemischt werden. Ganz luxuriös schmeckt dieser Reis natürlich, wenn man 1/8 Liter steifgeschlagene Sahne unterhebt.

Milch-Nudeln – auch davon schwärmten die Kinder schon in den 50er Jahren. Damals wurden die Nudeln in Milch statt in Wasser gekocht und mit Zucker überstreut. Auch das geht um einiges gesünder: Statt der weißen Nudeln können Vollkornnudeln verwendet werden und statt Zucker ungeschwefeltes Backobst. Das läßt man von Anfang an in der Milch mitköcheln.

Nächste Station der Milch-Schlemmerei ist **Grießbrei.** Er hat den Vorteil, daß er sehr schnell hergestellt ist. Für das Grundrezept wird ein Liter Milch mit einer Prise Salz, 80 Gramm Zucker und etwas abgeriebener Zitronenschale aufgekocht. Unter stetem Rühren läßt man 90 Gramm Grieß einlaufen. Der Brei muß jetzt noch zehn Minuten leicht kochen.

Um einen **Grießauflauf** herzustellen erhöht man den Grießanteil auf 100 Gramm und kocht den Brei mit einem halben Liter Milch und 50 Gramm Zucker. Man läßt ihn unter Rühren aufkochen und dann noch etwa 5 Minuten zugedeckt ausquellen. Unter die Masse rührt man drei Eigelb und läßt sie abkühlen. Dann fügt man frische Früchte nach Wahl hinzu (zum Beispiel entkernte Sauerkirschen) und hebt den Eischnee, den man mit 50 Gramm Zucker steifgeschlagen hat, vorsichtig unter. Alles in eine gefette Auflaufform geben und etwa 35 Minuten bei 200 Grad im vorgeheizten Backofen knusprig backen.

Jetzt befinden wir uns schon fast im Bereich der **Grütze**. Das war früher ein Grundnahrungsmittel und ist völlig zu Unrecht in Vergessenheit geraten. Noch vor knapp 200 Jahren fing der Tag nicht mit Marmeladenbrötchen an, sondern mit Grütze. Um eine sättigende und sehr gut schmeckende Grütze herzustellen, kann man mit verschiedenen Getreidesorten experimentieren. Buchweizen- und Hafergrütze sind geeignet, aber auch Grieß, Hafer-, Gersten- oder Hirseflocken. Sie werden in Milch gekocht oder auch nur in Wasser, dann aber mit Milch, Sahne oder Joghurt übergossen. Diese Grützen können variiert werden, indem man Obst dazu gibt oder Kompott, Nüsse, Mandeln, Sirup, Zimtzucker – alles schmeckt. Hier ist zum Angewöhnen ein köstliches Rezept für eine **Buchweizengrütze**:
1 Liter Wasser wird mit einem halben Teelöffel Salz und einem Stich Butter (von 70 Gramm abnehmen) zum Kochen gebracht. Man schüttet 200 Gramm mittelfeine Buchweizengrütze hinein und läßt sie unter gelegentlichem Rühren 10 Minuten ausquellen. Inzwischen mischt man 1 gestrichenen Teelöffel Zimt und 40 Gramm Zucker und läßt die restliche Butter hellbraun werden. Die fertige Grütze wird in Suppentellern angerichtet. In die Mitte drückt man eine Delle, gibt pro Portion einen halben Becher Joghurt hinein, bestreut mit Zucker und übergießt mit brauner Butter. Da kommt ehrlich gesagt kein Marmeladenbrötchen mit.

Keine Angst vor Getreide

Getreide, so liest man landauf landab, ist ein wesentlicher Bestandteil der gesunden Küche. Den meisten Alltagsköchinnen und -köchen sinkt bei diesem Satz der Mut. Von Getreide haben sie nämlich keine Ahnung, meinen sie. Allenfalls können sie noch Brot schmieren. Und so sehen sie sich hilflos mit irgendwelchen wildfremden Körnern in der Küche stehen – ausgeliefert. Gemach! Erst einmal spricht überhaupt nichts gegen das Brotschmieren, vorausgesetzt es handelt sich um Vollwertbrot (und darum wird es sich sehr schnell handeln, wenn man einmal eine leckere, herzhafte Sorte gefunden hat!). Und vorausgesetzt beim Belag handelt es sich nicht ununterbrochen um Leberwurst, sondern öfter einmal um Käse, Quark, Radieschen, Gurken- oder Tomatenscheiben, Sprossen oder etwas anderes Knakkiges. Zweitens sind in diesen Tips für die Alltagsküche schon einige Getreidegerichte vorgekommen, ohne daß es Ihnen wahrscheinlich groß aufgefallen ist. Und drittens besteht ein Gericht hauptsächlich aus Getreide, um das wahrscheinlich kein Elternpaar herumkommt, wenn es auf Dauer ein einigermaßen entspanntes Verhältnis zu seinen Kindern haben will, jawohl, die Pizza. Weil es heute an jeder Straßenecke Fertigpizza zu kaufen gibt, und weil einem die belegten Fladen aus allen Tiefkühltruhen in Supermärkten entgegenquellen, sollte man einmal zu Hause mit einer Vollwert-Version ein Gegengewicht setzen. Der Teig oder besser gesagt, ein möglicher Teig, wird folgendermaßen zubereitet:

Pizza

400 Gramm Weizenvollkornmehl wird mit einem halben Teelöffel Salz gemischt. In die Mitte eine Mulde geben. Da hinein kommt ein Würfel Hefe, über den man 4 Eßlöffel lauwarmes Wasser gibt. Wenn die Hefe sich aufgelöst hat, gibt man 0,2 Liter Wasser und 4 Eßlöffel Olivenöl dazu und verknetet alle Zutaten von außen nach innen schnell zu einem geschmeidigen Hefeteig. Den läßt man an einem warmen Ort zugedeckt etwa 15 Minuten gehen. Dann noch einmal durchkneten, auf etwas Mehl dünn ausrollen und auf einem gefetten Backblech zugedeckt weitere 15 Minuten gehen lassen. Jetzt wird der Teig auf der unteren Schiene des Backofens bei 200 Grad 15 Minuten vorgebacken.

Beim Belegen haben die Kinder ihren großen Auftritt. Denn nach der Methode des Italieners stellen Sie alle Zutaten in kleinen Schüsseln bereit, zum Beispiel Tomatenscheiben, Tomatensoße, Salami, dünn geschnittene Paprikastreifen, gedünstete Zwiebeln, geriebenen Käse, in Scheiben geschnittenen Mozarella, Basilikumblättchen, Streifen von gekochtem Schinken oder irgend etwas anderes. Jedes Kind belegt jetzt seinen Pizzateil nach eigenen Wünschen, bevor die Pizza – gleiche Temperatur, gleiche Schiene, gleiche Dauer wie beim Vorbacken – noch einmal in den Ofen geschoben wird.

Gemüse, Gemüse, Gemüse

Kinder mögen kein Gemüse. Das ist allgemein bekannt und wird in allen Veröffentlichungen als selbstverständlich vorausgesetzt. Ich weiß nicht, wer diese Behauptung in die Welt gesetzt hat, ich weiß auch nicht, worauf sie sich stützt. Ich weiß nur, daß ich sie für falsch halte. Kann es nicht sein, daß Kinder deswegen kein Gemüse mögen oder es zumindest sagen, weil ihnen dieses Nahrungsmittel ständig als gesund angedient wird? Daß also nichts sich so gut eignet, um den Machtkampf mit Messer und Gabel auszutragen? Hören wir auf, Erbsen, Möhren und Co. anzupreisen wie Sauerbier und warten wir ab, was passiert.

Einen zweiten Grund kann ich mir vorstellen, der Gemüse zum ungeliebten Tellerfüller macht. Und der ist schlicht die Einfallslosigkeit bei der Auswahl und Zubereitung. Gemüse hat bei uns traditionell den Charakter einer Beilage. Es ist ja schon ein Fortschritt, daß sein Geschmack und seine Vitamine nicht mehr in Mengen von Salzwasser weggeschwemmt werden, sondern daß es statt dessen in wenig Brühe gedünstet wird.

Bevor es wieder in die Praxis geht noch ein Wort zum Thema Gesundheit: Es gibt kein Gemüse, das besonders gesund ist. Jahrzehntelang haben wohlmeinende Mütter Spinat in widerstrebende Kinder hineingelistet, weil er angeblich so gesund ist. Inzwischen ist es ein alter Hut, daß der vermeintliche Eisenreichtum durch einen Kommafehler bei der Berechnung entstanden ist. Da Spinat außerdem ziemlich nitrathaltig ist, sollte er auch in Familien, die ihn gern mögen, nicht dauernd auf der Speisekarte stehen. Wenn Kinder Gemüse in voller Breite ablehnen, versuchen Sie doch einmal, durch neue Gemüse und neue Zubereitungsmethoden einen Seiteneinstieg ins Gemüsefach zu finden. Hier ein paar Anregungen.

Selbst Kinder, die gegen Gemüse resistent sind, werden beispielsweise einer Gemüsecremesuppe kaum widerstehen können, mit einer Scheibe Brot eine komplette Mahlzeit. Die folgenden zwei Rezepte stammen aus der französischen Regionalküche. Nichts spricht dagegen, mit anderen Gemüsen eine ähnliche Zubereitung auszuprobieren.

Lauchsuppe

300 Gramm Lauch waschen, die grünen Spitzen abschneiden, die Stangen halbieren und sie in Streifen schneiden. Dann würfelt man eine Zwiebel und läßt sie mit dem Lauch in zwei Eßlöffeln erhitzter Butter langsam glasig

werden. Währenddessen schält, wäscht und würfelt man zwei große Kartoffeln und gibt sie dazu. Mit Salz würzen und mit 3/8 Litern Hühnerbrühe aufgießen. Bei schwacher Hitze etwa 35 Minuten kochen lassen. Man püriert die Suppe mit dem Schneidestab des Handrührgeräts oder mit der Gemüsemühle, stellt sie wieder auf den Herd und gibt ein Viertel Liter Milch und ein Viertel Liter Sahne hinzu. Heiß werden, aber nicht kochen lassen. Man kann bei diesem Rezept den Anteil von Lauch und/oder Kartoffeln erhöhen. Oder statt Lauch Zwiebeln nehmen. Oder statt Hühnerbrühe Gemüsebrühe verwenden. Oder die Milch weglassen und dafür den Anteil an Brühe vergrößern. Die Suppe ist unverwüstlich und schmeckt immer.

Karottenpüreesuppe
Eigentlich ist es unnötig, noch eine zweite Cremesuppe vorzustellen. Aber sie schmeckt einfach so köstlich, daß ich es mir nicht verkneifen kann, die Potage Crécy, eine Karottenpüreesuppe. Um sie herzustellen, dünstet man eine mittelgroße gewürfelte Zwiebel in zwei Eßlöffeln Butter weich (nicht bräunen!), fügt ein knappes Pfund feingeschnittene Karotten hinzu, außerdem einen Liter Hühnerbrühe, zwei Teelöffel Tomatenmark und zwei Eßlöffel rohen Reis. Das Ganze läßt man ohne Deckel 30 Minuten sanft köcheln. Danach wird die Suppe durch die Gemüsemühle (auch als flotte Lotte bekannt) in einen sauberen Topf püriert. Mit Salz und weißem Pfeffer würzen und mit 1/2 Tasse süßer Sahne legieren. Vor dem Servieren wird die Suppe kurz aufgekocht. Man nimmt sie vom Herd und rührt einen Eßlöffel weiche Butter ein. Ich habe noch kein Kind erlebt, daß dieser Suppe widerstehen konnte!

Welche Welten zwischen Suppe und Suppe liegen können, zeigt das folgende Rezept. Es kommt aus Spanien, genauer gesagt aus Andalusien, ist eine Wucht an heißen Sommertagen und heißt **Gazpacho**. In einer großen Salatschüssel zerdrückt man eine Knoblauchzehe mit dem Holzlöffel und verrührt sie mit zwei Eßlöffeln Olivenöl zu einer Paste. Jetzt fügt man hinzu: 5 gewürfelte Tomaten, 1 feingehackte Zwiebel, 1/2 Teelöffel Salz, 1/4 Teelöffel frisch gemahlener Pfeffer, 1/4 Teelöffel Paprikapulver, 1 1/2 Teelöffel Essig und 1/4 Liter kaltes Wasser. Eine halbe Stunde ruhen lassen. Zehn Minuten vor dem Servieren werden 200 Gramm Salatgurke (geschält, entkernt und gehackt), eventuell etwas Wasser (falls die Suppe zu dick ist) und einige Eiswürfel hinzugefügt. Wie bei allen traditionellen Rezepten gibt es auch hier jede Menge Variationen. Man kann zum Beispiel zusätzlich 200 Gramm feingewürfelte Paprikaschoten unterheben. Oder einen Teil des Weißbrotes einweichen, ausdrücken und gleich zum Gemüse geben, während man den anderen Teil röstet. Oder feingehackte Petersilie überstreuen. Es schmeckt immer anders aber immer sehr erfrischend.

Eine beliebte Zubereitungsart in der Vollwertküche sind die **Gemüsepuffer**. Als Kartoffelpuffer sind sie bekannt. Daß sie auch aus Möhren, Sellerie, Zucchini oder Lauch hergestellt werden können, hat sich noch nicht so sehr herumgesprochen. Man verrührt 150 Gramm Weizenvollkornmehl und 50 Gramm Maismehl oder Haferflocken mit 250 ml Wasser und einem Ei. Darunter mischt man 1 geriebene Zwiebel und 200 Gramm fein zerkleinertes Gemüse (einzelne Sorten oder gemischt). Die Masse wird mit Salz, Pfeffer und etwas Chillipulver abgeschmeckt und in heißem Öl (insgesamt zwei Eßlöffel) von beiden Seiten knusprig gebraten.

Ebenfalls eine Erfindung der Vollwertküche ist der **Möhrenkuchen**. Es gibt dafür neben sehr komplizierten Rezepten glücklicherweise auch ein ganz einfaches. Dazu werden 200 Gramm Möhren feingerieben und 150 Gramm Mandeln gemahlen. 4 Eigelb werden mit 150 Gramm Honig 50 Milliliter Wasser schaumig geschlagen. Unter diese Masse rührt man 150 Gramm Weizenvollkornmehl, 1 Teelöffel Backpulver, die Möhren und die Mandeln. 4 Eiweiß werden zu Schnee geschlagen und vorsichtig untergehoben. Den Teig füllt man in eine eingefettete Springform und backt ihn zirka 45 Minuten bei 180 Grad.

Klassisch ist dagegen die Methode, **gefülltes Gemüse** zu servieren, zumindest was Paprikaschoten betrifft. Andere Gemüse wie Zwiebeln, Auberginen, Zucchini, Kohlrabi, Tomaten eignen sich jedoch auch hervorragend zum Füllen. Für Kohlrabi kann man beispielsweise die gleiche Hackfleisch-Füllung verwenden wie üblicherweise bei Paprikaschoten (Hackfleisch halb und halb, gewürzt mit Salz, Pfeffer, angebratenen Zwiebelwürfeln und mit eingeweichtem Brötchen aufgelockert). Die Kohlrabi müssen allerdings vorher geschält und fast gar gekocht werden, damit man sie aushöhlen kann. Das ausgehobene Gemüse wird mit der Hackfleischmasse vermischt. Die gefüllten Kohlrabi werden noch etwa 20 Minuten im Ofen gebacken.

Vegetarisch geht es auch. Zum Beispiel mit dieser aparten Tomatenfüllung: 100 Gramm Semmelbrösel werden mit 6 Eßlöffeln gehackter Petersilie, vier grobgehackten Knoblauchzehen, Salz und Pfeffer vermischt. Man füllt die Mischung in 8 Tomaten, die man wie folgt vorbereitet hat: Stielansatz entfernen, einen Deckel abschneiden, mit dem Löffelchen Saft und Kerne entfernen und in eine Auflaufform gestellen. Die gefüllten Tomaten werden mit Olivenöl beträufelt und im vorgeheizten Backofen (200 Grad überbakken (15 bis 20 Minuten).

Zu den unbekannten Gemüsen, an die man sich ruhig heranwagen kann, wenn sie auf dem Markt angeboten werden, gehören **Pastinaken**. Diese Wurzeln schmecken süß und würzig zugleich, eine gute Ausgangsbasis für die Kinderküche. Sie werden wie Möhren geschabt, gewaschen und zerkleinert. Eine mögliche Zubereitungsart ist ein Püree. Die Pastinaken werden in etwas Gemüsebrühe sehr weich gedünstet, püriert und mit Salz, Pfeffer und Muskatnuß gewürzt. Etwas Butter rundet das Püree ab.

Wie man Rohkost genießbar macht

Rohkost – der Begriff hört sich so gesund an, daß er schon fast wie eine Drohung klingt. Dabei essen viele Kinder jede Menge Rohkost ganz nebenbei. Während man das Gemüse für das Hauptgericht putzt, stibitzen sie mit Vorliebe Kohlrabi, Möhren und anderes. Eltern sollten sie stibitzen lassen und selbst ein bißchen mitknabbern.

Auf den Vorspeisentellern in französischen Gasthäusern haben die »crudité«, die roh zubereiteten Gemüse, schon immer einen festen Platz gehabt. Bei uns gibt es Rohkost meist in Form von Salat, häufig eine vernachlässigte Beilage, die in irgendeiner Soße ertränkt wird. Dabei stecken in ihm ebenso wie in rohem Gemüse so viele Möglichkeiten, daß aus ihnen zusammen mit Brot komplette abwechslungsreiche Mahlzeiten kombiniert werden können. Das Wichtigste am Salat ist die Soße. Die klassische **Salatsoße**

bereitet man aus einem Eßlöffel Essig, drei bis vier Eßlöffeln Öl, Salz, Pfeffer, 1 Prise Zucker und etwas Senf. Wie gut ein Salat schmeckt, hängt im wesentlichen davon ab, wie gut die Qualität des Essigs und des Öls ist. Olivenöl und ein Pflanzenöl wie Sonnenblumenöl gehören in jeden Haushalt (wer den Geschmack von Olivenöl im Salat zu kräftig findet, kann es mit Pflanzenöl mischen), ebenso Weißwein- und Rotweinessig. Aber versuchen Sie doch einmal, was Walnußöl aus einem gemischten Blattsalat macht, über den Sie zum Schluß gehackte Nüsse streuen! Die Grundsoße kann man mit Joghurt, Sahne, Tomatenmark, zerdrücktem hartgekochtem Eigelb – um nur einige Möglichkeiten zu nennen – variieren:
Es gibt fast nichts, was man nicht als Salat oder Rohkost kombinieren könnte. Deshalb hier ein paar Tips statt Rezepten:

- Salat ist eine ideale Spielwiese für Kräuter. Es hat sich inzwischen herumgesprochen, daß Tomaten und Basilikum eine unschlagbare Allianz eingehen, ebenso wie Dill und Gurke. Aber auch Petersilie, Schnittlauch, Kerbel, Minze usw. haben ihren Platz im Salat.
- Feingeraspeltes Gemüse wie Möhren oder Kohlrabi können sehr gut mit Blattsalaten gemischt werden. Das kombiniert Biß und Leichtigkeit.
- Gemüse bzw. Salat und Obst passen gut zusammen und erfreuen in dieser Kombination besonders Kinder. Bekannt geworden sind klassische Zusammenstellungen wie Fenchel und Apfelsine oder Chicoree und Mandarine. Aber auch Kopfsalat und Erdbeeren harmonieren wunderbar oder Staudensellerie, Eisbergsalat und Apfel.
- Noch abwechslungsreicher und manchmal sogar edel schmeckt Salat mit Zutaten, die nicht aus dem Reich der Rohkost stammen, also zum Beispiel gerösteten Brotwürfeln, mit Knoblauch gebratenen Krabben, oder Streifen von Putenbrust, die man zehn Minuten in Sojasoße (4 Eßlöffel), Honig (1 Eßlöffel) und 1/2 Teelöffel Sambal Oelek mariniert und dann brät.

Fisch! Wieso Fisch?

Kürzlich las ich von einer Untersuchung, bei der Wissenschaftler herausgefunden haben, daß Fischstäbchen gar nicht so schlecht sind, wie ihr Ruf. Lediglich die Panade und damit der hohe Fettgehalt bereitete ihnen etwas Bauchschmerzen. An meiner Ablehnung gegenüber diesen Bauklötzen mit Fischgeschmack hat sich trotzdem nichts geändert. An ihnen läßt sich  besonders gut zeigen, mit welchem Mangel an Sinnlichkeit und Phantasie bei uns über Ernährungsfragen diskutiert wird. Kinder müssen Fisch essen, mögen ihn aber nur viereckig, also suchen wir den kleinsten gemeinsamen Nenner, sprich das gute Haar am Fischstäbchen, statt sich zu fragen, warum Kinder keinen Fisch mögen, oder wodurch man ihn schmackhaft machen könnte, wie das Spitzenkoch Eckart Witzigmann in einem späteren Kapitel so einleuchtend tut. Lieber werden die Ansprüche an gutes Essen heruntergeschraubt.

Hier ist ein Rezept, an dem Kinder Gefallen finden könnten: Die Würfel einer mittelgroßen Zwiebel werden in 2 Eßlöffeln Butter in einem großen Topf glasig gedünstet. 150 Gramm Möhren putzen und direkt in den Topf in feine Scheiben schneiden. 300 Gramm Tiefkühl-Broccoli (angetaut) zerkleinern, kurz mitdünsten. 250 Gramm mehligkochende Kartoffeln klein würfeln, dazugeben und mit 1/2 Liter Gemüsebrühe aufgießen. Mit Salz, Pfeffer und Thymian würzen, einen Becher Sahne (200 Gramm) und eventuell noch etwas Brühe zugeben. 15 Minuten köcheln lassen. 750 Gramm Fischfilet, zum Beispiel Seelachs oder Kabeljau, säubern, würfeln, mit Zitrone beträufeln, salzen und pfeffern. Ganz sorgfältig auf Restgräten achten! Auf dem Ragout in etwa 8 Minuten garziehen lassen. Mit Dill überstreuen.

Und noch etwas: Warum sollen Kinder eigentlich Fisch essen? Wegen des Jodgehalts! Der ist aber ebensogut in Meeresfrüchten verfügbar. Wer also ein Lebensmittel sucht, daß viel Jod enthält, gesund ist, wunderbar schmeckt und Kindern gefällt, könnte statt auf Fischstäbchen auch auf Garnelen – besser bekannt als Krabben – stoßen. Sie haben keine Gräten, sind mundgerecht, handlich und haben für das Empfinden von Kindern genau das richtige Outfit. Und sie sind auch nicht so teuer, daß man sie nicht ab und zu in den Speiseplan einbauen könnte. Besonderen Spaß macht es natürlich, ungeschälte Krabben aus ihrem Panzer herauszupulen.

Hier sind zwei einfache Krabbenrezepte:
Ein wunderbares Abendessen ist ein **Krabbensalat** aus 250 Gramm Nordseekrabben, die mit einem in Streifen geschnittenen Kopfsalat vermischt werden. Dazu kommen die Filets von zwei kleinen Orangen. Um sie zu erhalten, schält man die Orangen mit einem scharfen Messer so, daß die weiße Haut entfernt wird. Die Orangenfilets können dann angeblich unbeschädigt zwischen den Häuten herausgelöst werden, das steht jedenfalls in allen Kochbüchern. Bei mir gibt das immer eine ziemliche Matscherei, es schmeckt aber trotzdem. Damit der Saft nicht verlorengeht, arbeitet man am besten über einer Schüssel oder einem Topf. Aus diesem Saft, genauer gesagt aus 4 Eßlöffeln davon, rührt man zusammen mit 4 Eßlöffeln Öl, 2 Teelöffeln mildem Senf und je einer Prise Zucker und Salz eine Soße, vermischt sie mit dem Salat, malt schwarzen Pfeffer darüber und garniert nach Wunsch diese leckere Angelegenheit mit Dill. Dazu paßt gebuttertes Vollkornbrot.

Schnell ist eine **Krabben-Quark-Creme** hergestellt, die sehr gut zu Pellkartoffeln paßt. Dazu hackt man zunächst eine kleine, geschälte Zwiebel fein. 100 Gramm Krabben werden ebenfalls fein gehackt. Bei Dosenkrabben fängt man die Brühe auf. Diese Zutaten werden verrührt mit 250 Gramm Magerquark, 2 Eßlöffel Krabbenbrühe (falls nicht vorhanden entweder weglassen oder durch Milch ersetzen), 4 Eßlöffel Milch, 2 Eßlöffel geriebener Meerrettich, 1 Prise Zucker, Salz und frischgemahlenen Pfeffer.

Fleischliche Gelüste

Auch wenn Fleisch in der Kinderernährung heute eher als Beilage betrachtet wird, sollte es nicht nebensächlich behandelt werden. Denn erstens ist hier die Herkunft von besonderer Bedeutung, und zweitens sollte etwas, das man nur noch selten ißt, dann auch wirklich gut schmecken. Wohl dem, der einen Römertopf hat. Er – oder sie natürlich – braucht sich über die Fleischzubereitung keine großen Gedanken mehr zu machen. Das Fleisch, welches auch immer (gut eignet sich zum Beispiel die fettarme Putenkeule), wird einfach in den gewässerten Topf gelegt, dazu kommen dann eine Tasse Brühe und jede Menge Gemüse wie Blumenkohl, Möhren, Zwiebeln, Sellerie, Lauch. Jetzt wird der Topf in den Backofen (200 Grad, nicht vorheizen) gestellt und für die nächsten 2 Stunden vergessen. Nimmt man ihn heraus, dann hat man einen zarten, völlig fettfrei gegarten Braten. Das Gemüse wird durch die »Flotte Lotte«, die auch als Gemüsemühle bekannt ist, gedreht und ergibt mit einem Löffel Crème fraîche gebunden eine herrlich schmeckende Soße.

Fragt man Kinder nach ihrem Lieblingsfleisch, dann nimmt Hähnchen einen Spitzenplatz bei den Antworten ein. Hier ein Rezept, bei dem sich einfache Zubereitung und herzhafter Geschmack ideal ergänzen:

Curry-Huhn

4 gesalzene und gepfefferte Hähnchenkeulen werden in einem Eßlöffel Öl rundherum angebraten. Dazu kommen 4 Stangen Staudensellerie, entfädelt und in etwa 2 cm breite Streifen geschnitten, sowie ein geschälter, entkernter und kleingeschnittener Boskop-Apfel. Zugedeckt eine halbe Stunde bei mittlerer Hitze schmoren lassen. 1/8 Liter Sahne zugießen und mit Currypulver abschmecken. Die Haut wird bei dieser Zubereitungsmethode vorher abgezogen. Sie ist sehr fett und wird in der Soße ohnehin nur matschig.

Lammtopf mit Gemüse

Zartes Lamm, viel Gemüse und das alles in einem Topf gegart: Das ist genau richtig für die Familienküche. Um den fleischigen Eintopf herzustellen, braucht man 500 Gramm Lammfleisch ohne Knochen. Das Fleisch würfeln und in einen Topf geben, zusammen mit einer feingehackten Zwiebel, 750 Gramm gescheibelten Kartoffeln, 200 Gramm halbierten Tomaten, 200 Gramm grünen Bohnen, ebenfalls in Scheiben geschnitten, und 300 Gramm gewürfelten Auberginen. Mit einem Eßlöffel gehackter Petersilie bestreuen und mit Salz und Pfeffer würzen. Einen halben Liter Wasser dazugeben und zugedeckt im vorgeheizten Backofen (180 Grad) ca. zwei Stunden schmoren. Supereinfach, superlecker!

Die Lust am Laster

Für das süße Leben ist niemand zu klein. Bei einem Experiment mit Neugeborenen fanden Wissenschaftler heraus, daß sie leicht gesüßte Nahrung klar bevorzugten. Sie tranken mehr, als wenn ihnen neutral schmeckende Kost angeboten wurde. Warum das so ist, steht nicht eindeutig fest. Die Erklärungen für dieses Phänomen sind vielfältig. Schon das Fruchtwasser läßt den Fötus zum Süßmäulchen werden, vermuten manche. Spätestens mit der sanft-süßen Muttermilch wird die Lust auf Gummibärchen eingesogen, sagen wieder andere. Schokolade macht selig, weil sie verschiedene stimmungsfördernde Substanzen enthält und wie andere Süßigkeiten die Serotoninbildung fördert, heißt es (Serotonin ist das Gewebshormon, daß die Stimmung steigen läßt).

Und schließlich hätten uns schon unsere Vorfahren für den Zukkerkonsum konditioniert, weil ihnen bei der Nahrungungssuche ein süßer Geschmack schnell verfügbare Kohlehydrate verhieß. Mit anderen Worten: Alle süßen Früchte der Welt sind auch genießbar. Da die Steinzeitmenschen nicht an jeder Ecke einen Kiosk stehen hatten und auch von Werbung weitgehend verschont blieben, hat ihnen das nicht weiter geschadet.

Heute sieht die Situation allerdings anders aus. Süßigkeiten sind allgegenwärtig. Eine ganze Industrie hat sich auf die Befriedigung tatsächlicher und vermeintlicher kindlicher Bedürfnisse gestürzt, kräftig unterstützt von Ladenbesitzern und wohlmeinenden Nachbarn und Verwandten. Das Ergebnis: Karies, Übergewicht, Mangelerscheinungen und täglicher Kleinkampf. Zu der Gier nach Süßem haben sich andere kindliche Vorlieben gesellt, die hartnäckig gegen die Vorhaltungen der Erwachsenen und gegen jede Form von gesunder Ernährung verteidigt werden. Es soll Kinder geben, die Kartoffeln nur noch in Form von Pommes zu sich nehmen, möglichst begraben unter einem Berg von Ketchup. Und wenn keine Pommes da sind, wird's ja wenigstens irgendwo Pizza geben. Hauptsache fett. Dabei gehen die Ernährungswissenschaftler gerade mit den Empfehlungen für Zucker und Fett äußerst zurückhaltend um. Die Deutsche Gesellschaft für Ernährung rät: Kinder sollten pro Tag nicht mehr als 150 bis 200 Kalorien in Form von Zucker verzehren. Das entspricht etwa fünf Stückchen Schokolade oder zwei Negerküssen oder sechs Bonbons oder 40 Gramm Gummibärchen oder fünf Keksen. Und die empfohlene Fettmenge für einen Tag ist mit einer Salamipizza schon fast erreicht.

Niemand kann sich mehr an der Existenz von Fast-Futter und Süß-Food vorbeimogeln. Allenfalls einem Einzelkind kann man wenige Jahre seines Lebens etwas vormachen. Dann kommt es in den Kindergarten, besucht Freunde, geht mit zum Einkaufen oder schaut mal ins Werbefernsehen. Also was tun? Mit Verboten wird man dem Problem nicht gerecht. Eltern, die ihren Kindern jedes geschenkte Bonbon rigoros entwenden, erziehen entweder Ideologen oder schlimmstenfalls Süchtige. Ihr eigenes Maß zu finden, lernen Kinder jedenfalls durch Verbote nicht.

Am Anfang eines vernünftigen Umgangs mit den Favoriten der Kinder steht Ehrlichkeit. Könnte man sich nicht selber manchmal in Sahnetorte wälzen? Es gibt Eltern, die stopfen sich jedes Mal mit Pommes frites voll, wenn sie ohne ihre Kinder essen gehen. Wer Wasser predigt und Wein trinkt, darf sich nicht wundern, wenn ihm sein Nachwuchs auf die Schliche kommt und hinter die Glaubwürdigkeit der Eltern einen Haken macht.

Sinnvoller ist es, nach Wegen zu suchen, um die Lust am Laster in vertretbaren Grenzen zu halten. Hier sind einige bewährte Methoden:

Vorbeugen

- Die Geschmacksvorlieben der Kinder entwickeln sich sehr früh. Schon bei Säuglingen sollte man deshalb darauf achten, daß sie nicht übermäßig süß konditioniert werden. Wenn sie nicht gestillt werden, dann sollte man

eine Säuglingsmilch wählen, die lediglich Milchzucker enthält. Das sind Produkte, die durch die Silbe PRE im Namen gekennzeichnet sind (früher: adaptierte Milch). Auch der erste Brei, das erste Menue sollte nicht gezuckert sein. Bei Fertigprodukten muß man sich daher die Zutatenliste genau ansehen. Als Getränk für größere Babys eignet sich ungesüßter Tee am besten.
- Eine sinnvolle Ernährung mit vielen komplexen Kohlehydraten beugt den Anfällen von Zuckersucht vor. Mit anderen Worten: Wer häufig Vollkornbrot oder Vollkornbrötchen, Nudeln, Kartoffeln, Bananen oder Hülsenfrüchte auf den Tisch bringt, hält die Quengelei nach Süßem in Grenzen. Und andersherum: Kindern, die mit allen wichtigen Nährstoffen versorgt sind, schaden – in Maßen – weder die heißgeliebte Nuß-Nougat-Creme noch der Schokoladen-Riegel – vorausgesetzt, die Zähne werden hinterher geputzt.

Richtig einkaufen

- Wer mit hungrigen Kindern einkaufen geht, programmiert den Konflikt. Auch Erwachsene neigen schließlich dazu, ihren Einkaufswagen zu überladen, wenn ihnen der Magen knurrt.
- Kinder, die beim Einkaufen helfen dürfen, sind beschäftigt. Schon Dreijährige können einige Dinge, beispielsweise Nudeln, selbst aussuchen und auch bezahlen. Sie erfahren auf diese Weise sehr früh, daß man Geld nicht zweimal ausgeben kann.

- In den meisten Geschäften wird man an kilometerlangen Regalen mit Süßwaren vorbeigeschleust, bevor man bezahlen kann. Um den Streß an der Kasse zu vermeiden, sollte man deshalb nicht in Stoßzeiten einkaufen gehen.
- Wer mit Kindern den Einkaufszettel zusammenstellt, gibt ihnen die Möglichkeit, ein oder zwei Wünsche unterzubringen. Meist sind sie damit zufrieden.
- In der allergrößten Not hilft es, den Kindern zu gestatten, sich eine Süßigkeit auszusuchen. Die Hin- und Hertauscherei (wirklich nur eine!) dauert etwa solange wie ein Wocheneinkauf.

Versuchungen meiden

Was nicht im Haus ist, kann nicht gegessen werden. Deshalb tut es der ganzen Familie gut, wenn nicht für alle Fälle eine Tafel Schokolade gekauft wird. Eine Versuchung, der Eltern leicht erliegen, ist es, Süßigkeiten zweckentfremdet zu benutzen: zur Belohnung oder als Trost. Auch wenn das noch so verlockend ist – tun Sie es nicht. Das Naschwerk bekommt sonst für die Kinder einen viel zu großen emotionalen Wert. Süßigkeiten sind etwas, das gut schmeckt, mehr nicht.

Verstecktes aufspüren

Der meiste Zucker, den Kinder essen, hat sich in Lebensmitteln versteckt, die ganz harmlos aussehen oder sogar das Image haben, gesund zu sein. Fruchtjoghurt gehört dazu oder Müsli-Riegel. Und wer würde vermuten, daß Tomatenketchup zu fast einem Viertel aus Zucker besteht? Schwer ins Gewicht fallen auch die flüssigen Süßigkeiten. In einem halben Liter Limonade stecken 18 Zuckerwürfel. Als tägliches Getränk ist sie ebensowenig geeignet wie Cola. Auch das Fett zeigt sich nicht offen als ungeliebter Rand am Fleisch, sondern verbirgt sich heimtückisch in Salami, Pommes frites oder Kartoffelchips.

Manchmal sündigen

Rigoroser Verzicht auf Heißgeliebtes zieht oft unkontrollierbare Exzesse nach sich. Das weiß jeder, der schon einmal gegen Übergewicht angekämpft hat. Die kontrollierte Sünde macht dagegen den zeitweiligen Verzicht viel leichter. Ein wunderbares Beispiel, wie man so etwas anstellen kann, schilderte eine Mutter in der Zeitschrift *spielen & lernen*. In ihrer Familie ist Samstag Pommes-Tag. Die Kinder bestimmen den Speisezettel und schlagen zu: Pizza, Pommes, alles was das Herz begehrt. An diesem Tag sind auch Fernseheinschränkungen aufgehoben und die Schlafenszeiten werden locker gehandhabt. Der Samstag ist der Lieblingstag der ganzen Familie – auch der Erwachsenen, wie die Mutter versichert.

Andere Möglichkeiten, die Versuchung zu planen, können zum Beispiel regelmäßige Nachtische oder eine süße Zwischenmahlzeit am Nachmittag sein. Oder auch mal eine Orgie. Ich erinnere mich mit Begeisterung an einen der Geburtstage meiner Tochter. Zum Abendessen gab es Würstchen, die vor Ketchup trieften. Wir hatten sie an eine Schnur gebunden und die Kinder aßen sie, ohne die Hände zu benutzen. Zum Nachtisch gab es Negerküsse.

Die Kinder bekamen die Augen verbunden und fütterten sich gegenseitig damit. Als sich die Erwachsenen zum Mitmachen bewegen ließen, war das begeisterte Gejohle bis an die Straßenecke zu hören.

Einteilen

Wer den Konsum von Süßigkeiten pädagogisch wertvoll machen will, wird an dieser Methode seine helle Freude haben. Der erlaubte Zuckervorrat für eine Woche wird in einer

Dose aufbewahrt, zu der das Kind jederzeit oder nach Absprache mit den Eltern Zugang hat. Ist die Dose leer, schauen Schnell-Nascher in die Röhre. Sind mehrere Kinder im Haus, fördert diese Methode wirtschaftliche Kenntnisse: Erfahrungsgemäß blüht dann der Tauschhandel.

Gesünder naschen

Gibt es gesunde Süßigkeiten? Eigentlich nicht. Vor allem das Bonbon mit den Vitaminen oder das Getränkepulver mit Calcium werden durch den Zusatz kein bißchen empfehlenswerter. Es gibt jedoch die Möglichkeit, die Liebe auf Süßes so zu stillen, daß eine Menge wertvoller Inhaltsstoffe gleich mitgegessen werden. Vor allem Obst, auch als Trockenobst, eignet sich dazu hervorragend. Selbst schon süß, kann es zu köstlichen Nachspeisen und Zwischenmahlzeiten verarbeitet werden. Hier zwei Beispiele: Unschlagbarer Kinderfavorit ist die **Bananencreme**. Für vier Portionen püriert man vier Bananen mit dem Schneidstab des Handmixers. Sie werden mit dem Saft einer Zitrone und mit einem Eßlöffel Honig gewürzt. Je nach Geschmack wird ein halber bis ein ganzer Becher Sahne geschlagen und untergezogen. Ebenfalls schnell gemacht ist ein **winterlicher Obstsalat**. Äpfel, Apfelsinen und Bananen werden geschält und kleingeschnitten. Dazu kommt geschlagene Sahne, die mit Honig und dem Mark einer halben Vanillestange gewürzt ist. Jetzt noch gehackte Nüsse überstreuen, fertig.

Auch andere Kinderfavoriten gibt es in entschärfter Form. Pommes frites, die im Backofen zubereitet werden können, sind weniger fetthaltig. Ein selbstgemachtes Ketchup kommt nicht nur ohne Zucker aus, sondern auch ohne die vermatschten und angefaulten Tomaten, die die Tester der Zeitschrift Öko-Test in vielen Flaschen als Grundsubstanz gefunden hatten.

So wird **Ketchup** Marke Eigenbau hergestellt:
3 Kilo Tomaten kleinschneiden. Mit 10 Gramm gemahlenen Nelken, 10 Gramm Zimt, 10 Gramm gemahlenem Ingwer, 1 geriebenen Knoblauchzehe, 40 Gramm Salz und 3/4 Liter Essig zu Mus kochen. Mit Pfeffer würzen. Durch ein Sieb streichen und in Flaschen kühl lagern.
Ganz raffinierte Eltern füllen die Masse in gebrauchte Ketchup-Flaschen um.

Von der Pizza wird in einem späteren Kapitel noch die Rede sein. Denn sie kann so angefertigt werden, daß sie ein gern gesehener Bestandteil der gesunden Ernährung ist.

Süßes im Überblick

Nicht überall, wo Zucker drin ist, steht auch Zucker drauf. Hinter folgenden Begriffen kann er sich auf einer Zutatenliste verbergen:
- Saccharose (Haushalts- oder Rübenzucker)
- Lactose (Milchzucker)
- Maltose (Malzzucker)
- Glucose oder Dextrose (Traubenzucker)
- Fructose (Fruchtzucker).

Süßmittel wie Honig, Ahornsirup oder Apfeldicksaft werden zwar häufig in der alternativen Ernährung verwendet. Sie sind jedoch kaum anders zu bewerten und vor allem kaum wertvoller als Haushaltszucker.
Zuckeraustauschstoffe wie Sorbit oder Xylit sind für Diabetiker geeignet, für Kinder aber weniger. Abgesehen davon, daß einige von ihnen den Zähnen schaden können und sie nicht wenige Kalorien enthalten, wirken sie abführend. Bonbons »ohne Zucker« können also sehr schnell in die Hose gehen.

Süßstoffe, zum Beispiel Saccharin oder Cyclamat, verschonen die Zähne. Aber eventuelle gesundheitliche Risiken sind noch immer nicht ganz ausgeschlossen. Abgesehen davon: Limonade wird nicht automatisch dadurch wertvoll, daß sie nicht mehr dick macht.

Mogeln

Man sollte es sich zur Angewohnheit machen, bei allen Rezepten, die mit Zucker oder einem anderen Süßmittel zubereitet werden, die angegeben Menge – na, sagen wir um 1/4 bis 1/3 – zu reduzieren. Bei älteren Rezepten kann es auch durchaus die Hälfte sein. Wenn es wirklich ganz grausig schmeckt, was nicht zu erwarten ist, kann man meist nachsüßen. Das gilt übrigens auch für die Rezepte in diesem Buch. Leider.

Essen im Kindergarten: Zwischendurch ist alles drin

Eigentlich müßte man über Zwischenmahlzeiten nicht mehr als fünf Sätze verlieren. Ihre Notwendigkeit ist heute unbestritten und wie sie beschaffen sein sollen, läßt sich auch schnell sagen: belegtes Brot mit rohem Gemüse oder Obst, ergänzt durch Joghurt oder andere Milchprodukte, dazu ein Getränk, vorzugsweise Wasser oder Tee. Aus zwei Gründen jedoch verdient vor allem die morgendliche Zwischenmahlzeit, das zweite Frühstück sozusagen, besondere Aufmerksamkeit. Zum einen werden gerade für diese Mahlzeit zahlreiche Fertigprodukte angeboten und massiv beworben. Unkompliziert, angeblich gesund, lecker und locker schmeichelt sich eine ganze Riege von Riegelchen bei den Jüngsten ein, und läßt auch viele Eltern glauben, sie würden ihren Kindern damit etwas Gutes tun. Zum zweiten ist das zweite Frühstück die erste Mahlzeit, die Kinder regelmäßig außer Haus einnehmen. Ob und wieviel sie essen, das liegt im Kindergarten mehr als sonst in ihrer Verantwortung, denn sie lernen dort auch andere Frühstücksgewohnheiten kennen und stellen nicht immer zur Freude der Eltern Vergleiche an. Das ist Risiko und Chance zugleich. Von der Einstellung der Eltern, mindestens genauso aber auch vom Vorgehen der Erzieherinnen und Erzieher, hängt es ab, ob sich die Kinder alle von der fix-fröhlichen Fertig-Schnitte ernähren, oder ob sie spielerisch eine vielfältigere Methode kennenlernen. Die Erzieher haben verschiedene Möglichkeiten, gesunde Ernährung zu fördern. An die Adresse der Eltern gerichtet, können sie

Regeln vorgeben, zum Beispiel die, daß keine Süßigkeiten mitgebracht werden dürfen. Eltern, die sich nicht daran halten, können gezielt angesprochen werden.

Fruchtbarer für eine Zusammenarbeit ist die Information. Von Krankenkassen, Verbraucherzentralen und von den regionalen Beratern der Deutschen Gesellschaft für Ernährung werden Informationsangebote gemacht. Das ist nicht zentral geregelt, sondern von Ort zu Ort unterschiedlich. In den Kindergarten meiner Tochter kam beispielsweise eine Ernährungsberaterin der AOK zu einem sehr anschaulichen Elternabend, bei dem theoretisches Wissen vermittelt wurde. Auf Wunsch der Eltern hielt sie einen zweiten praktischen Abend, an dem wir die Herstellung von Müsli und anderen kalten Imbissen übten. Wenn eine solche Beratung gewünscht wird, kann man sich entweder an die örtlichen Beratungsstellen (beispielsweise der AOK oder der Verbraucherzentralen) wenden oder bei den Hauptstellen nach Kontaktmöglichkeiten fragen (Adressen im Anhang).

Kinder, zumal in diesem Alter, interessieren sich nicht sonderlich für abstrakte Belehrungen. Für sie ist wichtig, daß etwas schmeckt oder daß es Spaß macht (Wackelpudding zwischen den Zähnen durchzuquetschen, macht einfach Spaß!). »Learning by doing« ist für sie die richtige Methode. Zahlreiche Möglichkeiten hat die Bundeszentrale für gesundheitliche Aufklärung in einem empfehlenswerten Aktionshandbuch zusammengetragen (kostenlos erhältlich, Adresse im Anhang). Vor allem durch spielerische Tätigkeiten können sich Kinder Kenntnisse aneignen: Lebensmittel malen oder ausschneiden und zu einer Collage kleben, Weizenkörner keimen lassen, Joghurt selbst herstellen.

Ausflüge in Handwerksbetriebe (zum Beispiel in Bäckereien) oder auf Bauernhöfe stellen den Bezug zu den Quellen der Ernährung her.

Je nach den Möglichkeiten einzelner Kindergärten kann »gekocht« werden. In dem Modellkindergarten, der in der Broschüre vorgestellt wurde, wurden Brötchen und Stutenkerle aus süßem Vollkornteig gebacken, und der selbst fabrizierte Joghurt wurde auf verschiedene Weise zubereitet. Eine andere Möglichkeit wäre, die Kinder von daheim unterschiedliches Obst oder Gemüse für Salate mitbringen zu lassen, die sie sich nach Wunsch zusammenstellen können oder gemeinsam ein Müsli zu machen. Wichtig ist, daß die Kinder die Möglichkeit haben, die Lebensmittel genau zu begutachten, sie zu betasten, daran zu riechen. Was in einem Weizenkorn steckt, erfahren die Kinder am besten, indem sie ein gequollenes Korn aufpulen und sich den Inhalt anschauen.

Ein gemeinsames Frühstück, zu dem vielleicht die Eltern eingeladen werden, eröffnet wieder neue Möglichkeiten. Hier können die Kinder planen, auswählen, einkaufen und zubereiten. In der Broschüre wird über zwei solcher Frühstücke berichtet, eines am Anfang und eines am Ende der beschrieben Aktivitäten zur Ernährungsaufklärung. Jedes Mal konnten die Kinder ihre Wünsche äußern. Wunschzettel Nummer zwei unterschied sich auffällig von Nummer eins. Während beim ersten Mal Cornflakes, Müsliriegel, Cola und Nutella das Ziel vieler Wünsche gewesen waren, fand sich beim zweiten Mal eine Palette von Joghurt bis Lachs und von Pumpernickel bis Bierschinken auf der Liste. Das liegt nicht nur am neuen Wissen: »Bei der ersten Wunschliste mußten sich die Kinder ohne Hilfe aus dem Gedächtnis heraus entscheiden. So wurden Dinge genannt, an die sie gerade dachten oder die sie sich allgemein wünschten. Bei der zweiten Wahl standen ihnen Abbildungen von Speisen zur Verfügung (sie waren in der Zwischenzeit hergestellt worden, Anm. d. Verf.). Kinder benötigen solche Hilfen für ihre Lebensmittelauswahl. Eine solche Hilfe kann entweder aus einem breiten Lebensmittelangebot beim Frühstück oder Einkauf aber auch aus Abbildungen bestehen.«[22]

Auch wenn eine solche Aktion die Ausnahme ist –, gefrühstückt wird im Kindergarten jeden Tag. Und wenn viele am Tisch sitzen, dann kann daraus ein zwangloser, entspannter Anschauungsunterricht in Sachen Ernährung werden. Um ihn zu fördern, sollten die Erzieherinnen am Frühstück teilnehmen und den Kindern gestatten, das Essen der anderen zu probieren. Vielleicht bringen sie selbst einmal etwas mit, das sonst nicht auf dem Tisch steht. Nur eins sollten Sie vermeiden, auch wenn es manchmal schwerfällt: einzelne Lebensmittel als unerwünscht oder nicht wohlschmeckend hinzustellen. Das hindert die Kinder entweder am Ausprobieren oder erhöht ganz im Gegenteil den Reiz des Verfemten. Es ist im Kindergarten wie im Elternhaus gar nicht so wichtig, daß Kinder immer das Richtige essen. Entscheidender ist, daß sie viel kennenlernen und viel ausprobieren.

Extra-Tips für Eltern

- Der Eintritt in den Kindergarten ist für Kinder ein wichtiges Ereignis. Feiern Sie es mit einer hübschen Kindergartentasche, einer Brotdose und einer Trinkflasche. Zwar ist der Inhalt wichtiger als das Drumherum. Doch auch die Äußerlichkeiten betonen den neuen Status. Ganz abgesehen davon sind sie praktisch und helfen, Verpackungsmüll zu vermeiden.
- Mitbestimmung oder Überraschung: Mit beiden Methoden kann man dazu beitragen, daß das zweite Frühstück akzeptiert – und gegessen – wird. Lassen Sie Ihr Kind von Zeit zu Zeit, vielleicht sogar von Woche zu Woche, wählen, ob es sein Kindergartengericht selbst aussuchen will oder ob es Ihnen die Entscheidung überlassen will.
- Abwechslung macht Spaß. Es muß ja nicht immer Leberwurstbrot sein. Wechseln Sie die Brotsorte, Knäckebrot oder Vollkorn-Brötchen schmecken auch gut. Lassen Sie beim Belag ihre Phantasie spielen. Schon das klassische Salatblatt zwischen Brot und Belag möbelt die Optik auf. Gewürzter Quark, Gurken- oder Radieschenscheiben, Frischkäse mit geraspelter Möhre, um nur ein paar Beispiele zu nennen, sind Alternativen zu Wurst und Käse. Es muß auch nicht immer Brot sein. Ein Müsli, ein mit Obst angemachter Quark oder Joghurt in einer fest verschließbaren Dose sind gute Alternativen. Wieviel Sie Ihrem Kind mitgeben, hängt ganz davon, wieviel es zum ersten Frühstück gegessen hat. Etwas zum Trinken – verdünnter Fruchtsaft, Wasser oder Tee – sollte immer dabei sein.
- Die Zwischenmahlzeit steigt gewaltig im Ansehen der Kinder, wenn sie öfter einmal etwas auspacken, womit sie nicht gerechnet haben. Das können zum Beispiel Variationen in Obst oder Gemüse sein – die ersten Himbeeren, eine besonders lustig geformte Möhre, ein bunter Strauß aus roten, gelben und grünen Paprikastreifen mit einem Bändchen zusammengehalten, Obst und Käsewürfelchen auf einen Spieß gesteckt, kleine eingelegte Maiskolben. Das kann aber auch einmal etwas zum Naschen sein. Ein paar Rosinen, süße Mandeln, Trockenfrüchte, eine Handvoll Studentenfutter oder Vollkornkekse sind lecker und gute Alternativen zu den meist sehr süßen Fertigprodukten, die für die Zwischenmahlzeiten angeboten werden.

Bunt ist gesund

"Eat your greens«, übersetzt ungefähr »Iß dein Grünzeug«, sagen die Amerikaner, wenn sie ihren Nachwuchs zum Verzehr von Salat und Gemüse ermuntern wollen. Mit der Betonung der Farbe treffen sie dabei, was den Gesundheitswert angeht, voll ins Schwarze. Denn seit einiger Zeit weiß man, daß die natürlichen Farbstoffe im Gemüse nicht nur zur Verzierung da sind, sondern auf verschiedene Weise die Gesundheit schützen, indem sie sich zum Beispiel erfolgreich mit den freien Radikalen anlegen. Daß die bunten, knackigen Lebensmittel großzügige Spender von Vitaminen und Mineralstoffen sind, macht sie für den täglichen Speisezettel um so wertvoller.

Kinder lieben Buntes. Man sollte diese Vorliebe ausnutzen, und sich nicht darauf beschränken, ihnen grelle Plastikdosen für den Kindergarten zu kaufen, in die man dann farblose Brötchen mit matter Fleischwurst packt. Schwelgen Sie statt dessen in Chlorophyl, Lactoflavin, Betanin und Anthocyan oder, um es verständlicher auszudrücken, in grün, gelb und rot. Sie haben damit auch ein wunderbares Mittel in der Hand, Ihr Kind zu gesunden Genüssen zu überreden. Machen Sie ein Spiel daraus! Denn jedes Kind kann zwar eine Zeitlang der Versuchung widerstehen, Paprika oder Tomaten zu essen. Kaum eines aber wird sich dem Vorschlag widersetzen, einen Tag lang nur rot oder gelb zu essen. Das entspricht zwar nicht den Regeln, nach denen man gekonnt ein Menü aufbaut – da müssen sich die Farben abwechseln –, es schmeckt aber trotzdem und Spaß macht es auch. Hier sind ein paar Vorschläge für farbige Mahlzeiten:

Der grüne Tag

Er beginnt mit einem aparten Brotaufstrich, dem **Avocados** die passende Farbe geben. Ein gut gereiftes Exemplar wird halbiert und entkernt. Das Fruchtfleisch wird herausgelöffelt und mit 4 Eßlöffeln Mandarinen- oder

Orangensaft (frisch gepreßt), 1 Eßlöffel Honig und 1 Prise gemahlenem Ingwer vermischt. Alle Zutaten werden mit dem Schneidestab des Rührmixers püriert und schnell in ein luftdichtes Gefäß gefüllt. Im Kühlschrank hält sich die Creme bis zu 2 Wochen. Wird sie aufs Brot gestrichen, dann sollte dieses möglichst schnell serviert werden, sonst wird die Creme braun.

Die kleine Zwischenmahlzeit am Morgen kann aus einem kleingeschnittenen grünen Apfel zum Butterbrot bestehen.

Zum Mittag- oder Abendessen – je nachdem, wann die warme Mahlzeit eingenommen wird – stehen verschiedene **Gemüse** zur Auswahl, Zucchini zum Beispiel, Spinat, Broccoli, Porree, Grünkohl. Zucchini schmecken **gefüllt** ganz wunderbar. Für 4 Personen reichen 6 Stück, die man der Länge nach halbiert. Das weiche Fleisch wird herausgehoben und fein gehackt. In 2 Eßlöffeln Olivenöl brät man eine ebenfalls feingehackte Zwiebel kurz an und fügt das Gemüsefleisch hinzu. 5 Minuten unter ständigem Rühren braten. Dann gibt man knapp 2 Eßlöffel Pinienkerne, 65 Gramm Reis, 2 Eßlöffel feingehackte Petersilie und 1/2 Eßlöffel Dill dazu, würzt mit Salz und Pfeffer und läßt die Mischung bei schwacher Hitze 10 Minuten weitergaren. Das ausgehöhlte Gemüse wird zu 3/4 damit gefüllt, mit dem abgeschnittenen Teil zugedeckt, mit Öl bepinselt und in einer mit Öl gefetteten Auflaufform bei 180 Grad im Backofen 45 Minuten gegart.

Lustig, aber etwas aufwendig ist es, wenn man die Zucchini anders füllt. Dazu wird die Frucht in Stücke von 3 cm Dicke und in doppelt so viele Scheiben von 1 cm Dicke geschnitten. Die Stücke werden ausgehöhlt. Nun legt man ausreichend lange Küchengarnfäden überkreuz, setzt auf den Kreuzpunkt eine Zucchinischeibe, darauf ein ausgehöhltes Stück und füllt es. Mit einer weiteren Scheibe abdecken und das Päckchen zuschnüren.

Das Zwischengericht am Nachmittag ergrünt durch Kiwis: Man gibt pro Person einen Becher Joghurt in eine Schüssel und süßt nach Geschmack. Pro Person wird eine Kiwi enthäutet, zerkleinert und hineingerührt. Sehr hübsch sieht es aus, wenn mit einem Ausstecher kleine Kugeln aus der Frucht herausgelöst werden.

Zum Abendessen können Brote mit Gurkenscheiben belegt oder mit frisch geschnittener Kresse aus dem Päckchen bestreut werden. Wer noch Energie zum Kochen aufbringt, kann natürlich auch einen gemischten Salat herstellen. An grünen Zutaten mangelt es nicht.

Der gelbe Tag

Mit einem Rührei zum Brot fängt der gelbe Tag gut an. Die grünen Schnittlauchsprenkel, die sonst das Rührei zieren und geschmacklich verbessern, werden entweder weglassen oder zwischen Ei und Brot versteckt.

Als erste Zwischenmahlzeit könnte es Ananasquark geben. Dazu wird Magerquark mit etwas Ananassaft glattgerührt (beim Schälen der Ananas auffangen), mit Honig nach Belieben gesüßt. Viele kleingeschnittene Fruchtstückchen werden hineingerührt.

Mittags kommt **Polenta** auf den Tisch, der goldgelbe Maisgrieß, und dazu ein sahniges Gemüse aus gelben Paprikaschoten. Polenta stellt man her, indem man knapp 1 1/4 Liter Wasser kocht und mit einem gestrichenen Eßlöffel Salz würzt. Da hinein rührt man langsam 300 Gramm Maisgrieß. Langsam ist wichtig, da leicht Klumpen entstehen. Die Polenta wird bei kleiner Hitze ca. 50 Minuten gegart. Sie kann frisch gegessen werden, oder, was noch besser schmeckt, ausgekühlt in Scheiben geschnitten und dann gebraten werden.

Für das **Paprikagemüse** putzt man 4 gelbe Paprikaschoten und schneidet sie in Würfel. 1 Zwiebel wird geschält, gewürfelt und in 1 Eßlöffel Butterschmalz angebraten. Das Gemüse hinzufügen und 10 Minuten braten. Mit

Salz, Pfeffer und etwas getrocknetem Thymian würzen. 0,2 Liter Sahne dazugeben und einige Minuten offen kochen lassen, bis die Sahne etwas eingedickt ist.

Zur Zwischenmahlzeit am Nachmittag schmeckt ein Bananenbrot. Ein gebuttertes Vollkornbrot wird mit einer Scheibe gekochtem Schinken belegt. Daraus sticht oder schneidet man Kreise aus, die den Umfang einer Bananenscheibe haben. Eine solche wird in dicke Scheiben geschnitten und jeder Brotkreis wird mit einer Bananenscheibe abgedeckt.

Am Abend ist wieder Salat an der Reihe, diesesmal ein **Käse-Birnen-Salat:** Aus 2 Eßlöffeln mittelscharfem Senf, 1 Prise Zucker, 1 Eßlöffel Obstessig und 4 Eßlöffeln Öl wird eine Soße gerührt. Da hinein kommen 1 geschälte und fein gewürfelte Zwiebel, 250 Gramm Emmentaler (am besten Schweizer Emmentaler) in Stifte geschnitten und 500 Gramm reife Birnen. Sie wurden geschält, geviertelt, vom Kern befreit und quer in dünne Scheiben geschnitten. Der Salat muß etwa eine Stunde durchziehen. Dazu gibt es Brot.

Der rote Tag

Zum Auftakt gibt es Brot und Paprika-Käse. Frischkäse wird mit mildem Paprika-Pulver zartrosa gefärbt. Eine rote Paprikaschote wird gesäubert und entkernt und in sehr kleine Bröckchen geschnibbelt, die unter den Käse gerührt werden. Wer die handwerkliche Perfektion besitzt, daraus Kügelchen zu rollen, tue dies, alle anderen behelfen sich damit, mit dem Teelöffel Nocken auszustechen.

Als erste Zwischenmahlzeit gibt es Radieschen-Brote. Es sieht hübsch aus, wenn sie in Scheiben geschnitten auf dem Brot verteilt werden. Zum Mitnehmen in Kindergarten oder Schule ganz lassen. Der totale Renner sind natürlich Radieschen-Mäuse. Man stellt sie aus großen Radieschen her, die eine lange Wurzel für den Schwanz haben. Eine Seite wird abgeschnitten, damit die Maus nicht umfällt. Von diesem Stück werden zwei Scheiben für die Ohren geschnitten und in Einschnitte am Körper gesteckt. Zwei Löcher für die Augen aushöhlen und schwarze Pfefferkörner hineinlegen. Fertig!

Das Mittagessen wird an diesem Tag wahrscheinlich mit Begeisterung aufgenommen, denn es gibt kaum ein Kind, das sich gegen **Spaghetti mit Tomatensoße** sträubt. Es ist übrigens nicht unbedingt erforderlich, die Soße aus frischen Tomaten zuzubereiten. In diesem Fall sind Konserven eine gute Alternative, vor allem außerhalb der Saison. Bekommt man jedoch schmackhafte frische Exemplare, dann kann man sie folgendermaßen verarbeiten: Die Tomaten werden mit kochendem Wasser überbrüht, gehäutet und von den Stielansätzen befreit. Dann halbiert man sie und entfernt, wenn man möchte, die Samen. Jetzt werden die Hälften zerkleinert und mit glasig gebratenen Zwiebeln, Knoblauch und Kräutern (Thymian, Salbei, Basilikum o.ä.) bei starker Hitze unter stetigem Rühren geschmort, bis sich Flüssigkeit bildet. Man rührt und rührt, bis die Soße die gewünschte Konsistenz hat, gibt Crème fraîche dazu und schmeckt sie mit Salz, Pfeffer und einer Prise Zucker ab.

Am Nachmittag gibt es eine Zwischenmahlzeit, die etwas aufwendig zuzubereiten ist, aber so köstlich schmeckt, daß man sie zur Pfirsichzeit unbedingt einmal probieren sollte: **Errötende Pfirsiche** (pèche cardinale).

4 große Pfirsiche werden mit kochendem Wasser überbrüht, geschält, halbiert und entsteint. 3/4 Liter Wasser und 225 Gramm Zucker kochen und so lange rühren, bis sich der Zucker aufgelöst hat. 3 Minuten lang sprudelnd weiterkochen, dann die Hitze so klein wie möglich stellen. Jetzt die Pfirsichhälften und 1/4 Vanillestange in den Sirup geben und ca. 15 Minuten kochen. Die Pfirsiche im Sirup erkalten und abkühlen lassen. Nun läßt man aufgetaute Tiefkühl-Himbeeren abtropfen, drückt sie durch ein Sieb (4 Stück zum Garnieren zurückhalten), gibt 2 Eßlöffel feinen Zucker dazu und stellt

die Soße ebenfalls in den Kühlschrank. 1/2 Tasse sehr kalte Sahne wird in einer ebenfalls kalten Rührschüssel geschlagen, bis sie anfängt, dick zu werden. Dann gibt man 1 Eßlöffel Zucker und 1/2 Paket Vanillezucker dazu und schlägt weiter, bis die Sahne fest ist. Die Pfirsichhälften werden auf Dessertteller gelegt, mit der Himbeersoße überzogen und mit der Sahne garniert. Ganz stilecht ist es natürlich, wenn man die Sahne mit etwas Himbeerpüree rosa färbt. Übrigens kann man eine solche Soße zum Beispiel auch aus Erdbeeren herstellen, mit Puderzucker statt Zucker süßen und zu Vanilleeis oder Pudding genießen.

Man kann den roten Tag kulinarisch sehr unterschiedlich ausklingen lassen. Herzhaft mit einem **Salat aus roten Beten**, die man schält, würfelt und gut 20 Minuten kocht. Etwas abgekühlt werden sie mit einer Soße aus Essig, Öl, Salz, Pfeffer, Senf, feingehackten Zwiebeln und Kräutern mariniert. Gut durchziehen lassen. Eiweißreich mit einem Salat aus roten Bohnen. Oder ganz zart und aromatisch mit Scheiben von Baguette-Brot, die mit echtem Räucher-Lachs belegt sind. Hübsch sieht es aus, wenn man eine Scheibe in sehr feine Würfel schneidet, sie mit etwas Sahne und Meerrettich mischt und die Brote mit dieser Creme verziert.

Lustig ist es auch, Lebensmittel unterschiedlich zu färben. Mit Reis geht das zum Beispiel sehr gut. Er wird grün durch jede Menge feingehackte Kräuter oder durch Spinat (1/3 Spinat auf 2/3 Reis, rot durch Tomatensoße oder den Saft von roten Beten, gelb durch Curry oder Safran).

Auch wenn solche Spielereien die Ausnahme bleiben, empfiehlt es sich, Farbe und damit Abwechslung ins tägliche Essen zu bringen. Ein Salat zum Beispiel aus Tomaten, Gurken, Maiskörnern, zu dem geschmacklich sehr gut Thunfisch paßt, leuchtet geradezu aus der Schüssel. Polenta, abwechselnd mit Blattspinat zu einem Berg geschichtet, der von Tomatensoße gekrönt wird – das sieht einfach unwiderstehlich aus. Und schmeckt ebenso, vor allem, wenn noch Raclette-Käse darüber geraspelt wird. Eine kalte Kirschsuppe, auf der weiße Inseln aus Eiweiß schwimmen, gehörte schon in meiner Kindheit zu den Freuden des Sommers. Die Suppe wurde hergestellt, indem man entkernte Sauerkirschen 10 Minuten in gesüßtem Wasser köcheln ließ. Damit sie auch gut satt machte, wurde das Eigelb mit Mehl vermengt. Aus der Masse wurden kleine Klöße geformt, die meine Mutter die letzten 5 Minuten in der Suppe garziehen ließ. Diese Einlage war übrigens das Köstlichste an der ganzen Suppe.

Nicht nur die Zunge, auch die Augen sind gute Ratgeber beim Kochen. Sich auf dem Markt von der Farbenfülle von Obst, Gemüse, Kräutern anregen zu lassen und zu Hause neue Zusammenstellungen für Salate, Desserts, Gemüsegerichte, Quarkspeisen oder Marmelade zu finden, das macht Spaß und führt oft zu erfreulichen Überraschungen.

Bunt ist nicht nur gesund, es erfreut auch die Augen. Und die essen bekanntlich mit. Das ist bei Kindern noch stärker der Fall als bei Erwachsenen. Hersteller von Fertignahrung haben sich diese Feststellung zum Wohle ihres Umsatzes längst zunutze gemacht. Zwergen-Portiönchen und Extra-Würste mit integrierten Bärchen oder Dinosauriern – das sind Produkte, an denen Kinder nur schwer vorbeizuziehen sind. Nun kann man sich zwar über diese Kindertümelei am Kochtopf ärgern, vor allem, wenn damit Lebensmittel verkauft werden, die bei einem gesunden Ernährungsstil keineswegs eine tragende Rolle spielen sollten. Nicht leugnen läßt sich jedoch, daß Kinder Spaß daran haben und sich wünschen, daß ihr Essen hübsch aussieht – ein Wunsch, den die Eltern öfter einmal berücksichtigen sollten. Das fängt schon mit Kleinigkeiten an. Ein Apfel ist für Kinderhände und Kinderzähne einfach zu groß, Apfelschnitze kann man dagegen nebenbei essen. Ein Butterbrot rutscht viel besser, wenn es nicht nur halbiert, sondern in kleine Stücke geschnitten wird, die in meiner Kindheit den hübschen Namen »Reiterchen« hatten.

Kartoffelbrei und Gemüse kann man nebeneinander auf den Teller packen. Man kann aber auch aus dem Kartoffelbrei einen Berg aufhäufeln, oben eine Mulde hineindrücken und das Gemüse da hineinfüllen. Oder den Berg mit Erbsen sprenkeln und behaupten, er hätte Gemüse-Masern. Nichts spricht dagegen, die Suppe einmal mit Buchstaben-Nudeln zu kochen. Obst wirkt interessanter, wenn man kleine Früchte – Trauben, Erdbeeren – und Stücke von großen Früchten auf einen Spieß steckt. Aus Tomatenvierteln und Gurkenscheiben kann man mit Hilfe von Zahnstochern kleine Schiffchen basteln – die Tomaten sind das Boot, die Gurken die Segel.

Mit kleinen Tricks lassen sich Brote hübsch anrichten. Die dänische Küche bietet dafür viele Anregungen. In ihr ist jedes »Smörrebrod« ein kleines Kunstwerk. Es reicht aber schon aus, wenn man mit Zutaten wie Möhrenscheiben, Streifen von Paprika, Petersiliensträußchen ein lustiges Gesicht aufs Butterbrot legt. Oder: eine Scheibe Tomaten, darauf eine Scheibe hartgekochtes Ei, ein Klecks Mayonnaise, in dem ein Petersiliensträußchen steckt. Oder: Frischkäse-Brote mit Mustern aus Sonnenblumenkernen und Kräutern bestreuen. Kinder freuen sich über solche Kleinigkeiten. Die Dekoration sollte nicht im Mittelpunkt des Essens stehen. Ein wenig Sorgfalt in dieser Beziehung macht jedoch den Genuß beim Essen erst komplett.

Freie Wahl den Hungrigen

Wenn Kinder wählen könnten, dann würden sie sich nach Meinung vieler Eltern mit Zuckerbrot und Salzstangen ernähren. Oder so ähnlich. Jedenfalls so, daß sich jedem die Haare sträuben, der die heranwachsende Generation gesund und munter füttern will.
Die Wirklichkeit sieht anders aus. Bei einer großangelegten Untersuchung wurden vor einigen Jahren die Frühstücksgewohnheiten von Schulkindern unter die Lupe genommen. Die Ergebnisse schienen zunächst alle pessimistischen Erwartungen zu bestätigen. Zwölf Prozent der Kinder gingen ganz ohne und 46 Prozent ohne ausreichendes Frühstück aus dem Haus. 35 Prozent hatten entweder ein ungesundes Pausenbrot mit oder mußten ganz ohne Zwischenverpflegung auskommen. Dementsprechend stellte sich der Versorgungszustand der Kinder dar. Vitamin B1, Eisen und Calcium fehlten. Konzentrationsstörungen in der Schule könnten nicht zuletzt darauf zurückzuführen sein. Wirklich überraschend an der Untersuchung war die Befragung der Kinder. Die saßen nämlich keineswegs freiwillig mit knurrendem Magen im Unterricht. 92 Prozent wünschten, sie hätten ein Frühstückspaket statt Geld zum Selberkaufen im Ranzen. Und auch von der Zusammensetzung dieses Pakets hatten sie ganz andere und weitaus gesündere Vorstellungen als ihre ebenfalls befragten Mütter und Väter. Während die annahmen, sie könnten ihren Kinder mit Süßigkeiten einen Gefallen tun, wünschten sich die Kinder Obst, Wurst und Schinken. Bei einer anderen Studie gab ein Viertel der befragten Kinder an, sie würden gerne Vollkornbrot zum Frühstück essen. Ein Drittel von diesen Kindern bekam statt dessen Toast. Eltern, geht in Euch!
Nicht erst im Schulalter tendieren Kinder zu Genüssen, die ihnen zuträglich sind, vorher klappt es fast noch besser. Seit rund siebzig Jahren wird immer wieder nachgewiesen, daß sich Kleinkinder instinktiv richtig ernähren. Der Ernährungsexperte Volker Pudel schildert einen solchen Test, der 1926 in Amerika durchgeführt wurde. Dabei konnten sich drei kleine Jungen, die das erste Lebensjahr noch nicht vollendet hatten, mindestens ein halbes Jahr

lang ihr Essen selbst zusammenstellen: »Angeboten wurde ihnen eine große Auswahl an tierischen und pflanzlichen Produkten, die frisch zubereitet waren wie zum Beispiel Milch, Äpfel, Bananen, Orangensaft, Ananasstückchen, Salat, Karotten, Erbsen, Getreide, gegartes Rindfleisch und Lamm, Hühnchen, Fisch und Eier. Der Verzehr wurde exakt protokolliert, die enthaltenen Nährstoffe berechnet und zur Entwicklung der Kinder (Gewichtszunahme, biochemische Daten etc.) in Verbindung gesetzt. Das Resultat dieser Studie war eindeutig: Die gewählte Diät war optimal, um Wachstum, Gewicht, Knochenentwicklung, Muskulatur und Gesundheit sowie Wohlfühlen zu fördern.«[23]

Es ist schon fast unnötig zu bemerken, daß Kinder, die so genau wissen, was sie brauchen, auch ein Gefühl dafür haben, wieviel sie brauchen. Eine zu starke Kontrolle der Eltern, so stellte sich jüngst wiederum in den Vereinigten Staaten heraus, begünstigt dagegen die Fettleibigkeit.

Man fragt sich angesichts dieser Ergebnisse, woher es dann kommen mag, daß immer wieder Mangelerscheinungen bei Kindern festgestellt werden und daß außerdem das Verhältnis von Eltern und Kindern gerade am Eßtisch äußerst gespannt ist. Mehr noch: Die alltäglichen Erfahrungen in der Familie scheinen geradezu im Widerspruch zu stehen zu den wissenschaftlichen Erkenntnissen. Spielt da die Werbung eine Rolle? Sind schlechte Vorbilder schuld? Sind die Eltern überfordert? Oder verbergen sich hinter Ernährungsstreß oft Machtkämpfe zwischen Kleinen und Großen? Mit zwei Sätzen läßt sich das nicht beantworten. Die Bundeszentrale für gesundheitliche Aufklärung betrachtet das Thema Essen und Ernährung jedenfalls als ein wichtiges Konfliktfeld, wo sich Eltern und Kinder in den Haaren liegen. Mit dramatischen Folgen: Schon früh würden hier die Weichen für ein gestörtes Verhältnis zur Nahrungsaufnahme gestellt, das im schlimmsten Fall in Magersucht oder Bulimie enden kann. Sie hat deshalb ein zehnstündiges Pro-

gramm entwickelt, *Immer Zirkus ums Essen*, mit dem gestreßten Eltern und entnervten Kindern geholfen werden soll. Es wird von Krankenkassen, Volkshochschulen und Familienbildungsstätten angeboten.

Worum es in vielen Familien Streit gibt, das war für Elisabeth Dessai nie ein Thema. »Ausgangsbasis für eine gesunde bekömmliche Ernährung ist die Überlegung, daß das Kind wie jeder Mensch danach trachtet, satt zu werden. Aufgabe der Eltern ist es lediglich, dafür zu sorgen, daß dem Kind die Kalorien, Vitamine usw., die sein Körper braucht, in ausreichender Menge angeboten werden. Über das Wieviel und Wieoft brauchen Sie sich keine Sorgen zu machen. Das regelt die Natur.«[24] Die Autorin hat diese Erkenntnisse, die sie vor über 20 Jahren aufgeschrieben hat, bei der Erziehung ihrer beiden Söhne in die Praxis umgesetzt. Sobald ihre Kinder krabbeln konnten, hat sie ihnen einen Teller mit Obst, Keksen und Brot zur Selbstbedienung auf den Boden gestellt. Milch und Saft waren immer in erreichbarer Nähe.

Wenn einem Kind zahlreiche verschiedene gesunde Nahrungsmittel angeboten werden, meint sie, dann wird es sich automatisch abwechslungsreich und gesund ernähren. Allerdings gehören meiner Ansicht nach ziemlich gute Nerven dazu, mit anzusehen, wenn sich Kinder Curry auf den Pudding streuen oder ihr Abendessen aus Ölsardinen, Orangensaft und Schokolade zusammenstellen. Wer seine Kinder allerdings auf diese Weise ernähren möchte und auch dahinter steht, macht auf jeden Fall nichts falsch. Die Methode ist lediglich eine konsequente Fortführung der vernünftigen Erkenntnis, daß man Kinder nicht zum Essen zwingen und ihnen nicht bestimmte Speisen aufnötigen soll, eine Einsicht, die inzwischen hoffentlich erzieherisches Allgemeingut geworden ist.

Friede am Familientisch

Es gibt jedoch auch gute Gründe, in der Familie andere Eßgewohnheiten als die oben beschriebenen zu pflegen. Zum einen müssen die Wünsche und Bedürfnisse mehrere Personen unter einen Hut gebracht werden, zum anderen hat das Essen noch andere Funktionen, als den Körper zu versorgen. Der Familientisch ist im guten Fall ein Mittelpunkt des gemeinsamen

Lebens, der Treffpunkt von Sinnlichkeit und Behaglichkeit. Der Ort, an dem man sich austauscht, zusammen genießt, Ernährungstraditionen weitergibt, Neues ausprobiert und entspannt. Das Abendessen – aus beruflichen Gründen bei uns die Hauptmahlzeit – ist für mich immer der Höhepunkt des Tages, eine Stunde, in der alle Zeit füreinander haben.

Man kann jedoch auch bei dieser Form des Essens die kindlichen Vorlieben und Bedürfnisse berücksichtigen. Hat ein Kind schon vor dem Essen Hunger, dann kann es bei der Vorbereitung helfen und dabei etwas naschen. Oder es bekommt vorneweg ein wenig Obst oder Gemüse, so daß noch Platz und Lust bleibt für die Hauptmahlzeit. Auch Sätze wie »Was auf den Tisch kommt, wird gegessen« gehören in die Mottenkiste der schwarzen Pädagogik. Allenfalls abgewandelt haben sie eine Berechtigung: »Was auf den Tisch kommt, sollte probiert werden.« Meistens wird es damit keine Schwierigkeit geben, denn Kinder haben ein Interesse daran, das gleiche zu bekommen wie die Erwachsenen. Wird eine bestimmte Speise abgelehnt, dann muß sie wirklich nicht gegessen werden. Allerdings springt auch niemand auf und kocht etwas anderes. Ein Kind wird auch mal von trockenen Nudeln satt, ohne Schaden zu erleiden. Beim nächsten Mal wird halt wieder probiert. Der Geschmack des Kindes ändert sich, auch kann man abgelehnte Speisen ein wenig variieren: ein Schuß Sahne dazu, ein wenig Schärfe weggenommen, ein Kraut oder ein Gemüse gegen ein anderes ausgetauscht, schon schmeckt's ganz anders.

Wie jeder erwachsene Mensch haben auch Kinder gegen manche Lebensmittel eine Abneigung. Dies sollte ihnen zugestanden werden. Damit daraus nicht eine endlose Mäkelei an allem Möglichen wird, schlägt das Dortmunder Institut für Kinderernährung einen vernünftigen Kompromiß vor. Es empfiehlt, daß das Kind nach Absprache mit den Eltern bis zu drei bestimmte Speisen langfristig ablehnen kann. Bei Mahlzeiten wie Frühstück oder kaltes Abendbrot, bei denen zwischen verschiedenen Speisen ausgewählt werden kann, sollten auch die kindlichen Vorlieben zum Beispiel nach einem bestimmten Brotbelag berücksichtigt werden. Und wenn es bei dieser Mahlzeit wochenlang nichts anderes ißt als Erdnußbutter (solange sie im Haus ist) –, nehmen Sie es gelassen, sorgen Sie dafür, daß unter der Erdnußbutter viel Vollkornbrot gegessen wird und schaffen Sie bei den übrigen Mahlzeiten einen Ausgleich.

Kinder, die sich schon artikulieren können, sollte man an der Planung beteiligen. Einmal am Tag können eine Kleinigkeit, zum Beispiel ein Dessert, ein- oder zweimal in der Woche eine Hauptmahlzeit nach ihren Wünschen ausgesucht werden. Wer dienstags und donnerstags das Sagen hat, dem fällt es an den anderen Tagen leichter, auch mal etwas zu essen, was ihm nicht so gut schmeckt.

Mit allen Sinnen genießen

»Feinschmecker sind bessere Menschen«, heißt der Titel eines ebenso frechen wie witzigen Büchleins von Max M. Wendelstein, in dem er Genießern hintergründige Anregungen gibt. Auch wenn man sich nicht unbedingt hinter diese Aussage stellen möchte, muß man doch zugestehen, daß sich Feinschmecker auf alle Fälle besser mit dem auskennen, was sie essen. Sie achten beim Einkauf auf Qualität und ernähren sich insgesamt sehr bewußt und gesund. Außerdem ist für sie Essen eine Quelle der Lebensfreude und schon von daher gesundheitsfördernd. Manchen offiziellen Ernährungsaufklärern sind Feinschmecker suspekt. Fernsehkoch Armin Roßmeier beispielsweise, der die Maximen der Deutschen Gesellschaft für Ernährung zur Grundlage für seine Arbeit gemacht hat, beschreibt ekelgeschüttelt, daß der echte Gourmet sich von gegrillten Käfern, Alligatorensteaks und anderen Scheußlichkeiten ernährt und unterstellt ihm – so klingt es jedenfalls –, daß er keine Mahlzeit runterkriegt, deren einzelne Bestandteile nicht mindestens eine Anreise von 2.000 Kilometern hinter sich haben. Natürlich gibt es solche Spinner. Aber andererseits läßt sich kaum übersehen, daß es heute gerade Feinschmecker und Spitzenköche sind, die sich gegen zeitgeistigen Unfug wie die Gentechnik und für eine regionale Frischeküche einsetzen.

Auch in den Schriften und Büchern zur Kinderernährung wird die Frage nach dem Genuß immer sorgfältig umgangen. Von gesunder Ernährung ist da die Rede. Mit speziellen Rezepten wird eine Küche nach den vermeintlichen Geschmacksvorlieben von Kindern kreiert. Aber Kinder als Feinschmecker? Diese ketchupvermatschten Wesen, die sich wochenlang von Nudeln ernähren können, wenn man sie läßt? Eindeutig ja, meint Eckart Witzigmann, der kürzlich vom exklusiven Restaurantführer Gault Millau zum Koch des Jahrhunderts gewählt wurde. Ich zitiere ihn ausführlich, weil ich viele Vorurteile über kindlichen Geschmack nicht besser widerlegen könnte. »Die Erwachsenen machen sich, das habe ich im Laufe der Jahre herausgefunden, ganz merkwürdige Vorstellungen von dem, was Kinder gerne essen!«, schreibt er. »So meinen die meisten Eltern, ihre Kinder würden Fisch und Krustentiere nicht mögen. Auch wir dachten so. Bis wir einmal, als wir den Tisch voller Gäste hatten, bemerkten, daß unsere damals erst fünf Jahre alte Tochter Veronique den Seezungenfilets in Estragonsauce mit dem größten Vergnügen zusprach. Und Sohn Maxi entdeckte den Wohlgeschmack einer Hummersauce bereits in einem so zarten Alter, daß Grießbrei angemessener erschien. Und siehe, welchen Kindern auch immer wir sorgfältig zubereiteten, natürlich makellos frischen Fisch vorsetzten: Sie mochten ihn. Woher mag also die Vorstellung rühren, Kinder würden Fisch verweigern? Vielleicht, weil der Fisch früher allzuoft zu heiß und zu lange gegart war, so daß er trocken und faserig wurde – klar, daß ein Kind so etwas nicht mag. Oder daß er nachlässig filiert bzw. tranchiert wurde und voller Gräten steckte – soll ein Kind das verzeihen? Oder daß der Fisch nicht frisch genug war – lieben Sie alten Fisch? Des Rätsels Lösung scheint mir: Kinder sind oft viel kritischere Esser, weil viel weniger als Erwachsene verbildet durch Zwänge (von Kriegs- bis zu Kantinenzeiten). Und äußern sich dann so unverblümt, wie es Erwachsene gar nicht mehr wagen, die mit dem Leitsatz › was auf den Tisch kommt, wird gegessen‹ erzogen wurden. Wenn's heute einfach heißt › Schmeckt mir nicht‹, so ist das nicht unbedingt ein Zeichen verwahrloster Sitten, sondern eher für ein neues kritisches Bewußtsein, das den Boden für ein echtes Feinschmeckertum bereitet.«[26]

Nun kann fast niemand kochen wie Eckart Witzigmann. Doch die Erfahrung, daß Kinder experimentierfreudig sind, läßt sich auch mit bescheideneren Kochkünsten machen, vorausgesetzt, Koch oder Köchin sind mit Lust bei der Sache, experimentieren selbst gern einmal herum und wissen ein gutes Essen mit allen Sinnen zu schätzen. Nichts spricht dagegen, die Wünsche der Kinder auch zu berücksichtigen. Aber gleichzeitig sollten sie die Fülle der Möglichkeiten kennenlernen. Die Eltern sitzen schließlich fast zwei Jahrzehnte lang mit ihnen am Tisch und haben wahrscheinlich keine Lust, sich in dieser Zeit von drei Lieblingsgerichten zu ernähren, die die Kinder sich immer wieder wünschen, weil man ihnen noch nie etwas wesentlich anderes vorgesetzt hat. Tatsächlich kann sich die Geschmacksfähigkeit nur durch Abwechslung voll entfalten. Es ist mir unverständlich, daß manche Eltern, die ihre Kinder in jeder Beziehung fördern, sie kulinarisch auf dem Entwicklungsstand eines Neandertalers lassen. Kinder werden in bezug auf Essen ständig unterfordert. Man probiert nichts Neues aus, weil es den Kindern nicht schmecken könnte, serviert Salat ohne Soße, weil das für die Kinder zu sauer wäre und landet schlimmstenfalls bei irgendeinem Einheitsbrei als Dauerkost, den keiner mehr so richtig mag oder kocht für vier Leute drei verschiedene Gerichte.

Heute ist es allerdings manchmal einfacher, Kindern etwas Gesundes als etwas Schmackhaftes zu servieren. Seit Jahren hat sich bei uns eine seltsame Koalition gegen den Wohlgeschmack organisiert. Die Ernährungswissenschaftler rücken ihm mit Tabellen zu Leibe. Für sie ist der Mensch optimal ernährt, bei dem die Nährstoffkombination täglich stimmt. Wohin das in der Praxis führt, zeigt zum Beispiel der nimmermüde Einsatz, mit dem die Deutsche Gesellschaft für Ernährung für Dosengemüse wirbt. Dank schonender moderner Konservierungstechnik könne man dies heute problemlos essen, wird versichert, da die Vitamine weitgehend erhalten bleiben. Mag ja sein. Aber liebe Deutsche Gesellschafter für Ernährung, macht euch doch bitte einmal die Mühe und probiert das Zeug, bevor ihr die nächste Broschüre schreibt!

Vorreiter auf dem Gebiet der Geschmacksvernichtung sind unbestritten die Hersteller immer neuer Fertig-Futter-Variationen. Es gelingt ihnen, jedem Lebensmittel den Eigengeschmack auszutreiben und mit einer Fülle von Geschmacksverstärkern und künstlichen Aromastoffen die Geschmacksknospen an Kinderzungen dauerhaft zu verkleistern. Beim letzten Einkauf entdeckte ich – um nur ein Beispiel zu nennen – kleine Tiefkühl-Dinosaurier, aus Putenfleisch zusammengepreßt und mit einer dicken Schicht Panade überzogen. Wenn ich, was ein gütiges Schicksal verhüten möge, vor die Wahl gestellt würde, dieses oder geröstete Käfer zu vertilgen, würde ich mich ohne zu zögern für letzteres entscheiden. Da besteht wenigstens noch die Chance, daß sie in einer wenn auch fremden Ernährungstradition beheimatet sind und einen gewissen Eigengeschmack haben. Aber die

Dinos und ähnliches Zeug finden ihre Käufer. Und auch Teile der Gastronomie sind sehr hilfreich dabei, es unter dem Decknamen »Kinderteller« unter die Leute zu bringen.

Unverdrossen arbeiten auch die Politiker an einer europaweiten Geschmacksgleichschaltung und zwar nach dem Motto »Was übersteht, wird abgeschnitten«. Die Größe eines Apfels ist nach ihren Normen entschieden wichtiger als der Geschmack. Zwar konnte vor einigen Jahren noch verhindert werden, daß sie den Rohmilch-Käse aus dem Verkehr zogen. Doch sie geben nicht auf und lassen sich dauernd etwas Neues einfallen. Immer besorgt um die Hygiene haben sie beispielsweise in einem Gesetz verfügt, daß bestimmte Käse, die traditionell auf Stroh gebettet wurden, und unter anderem dadurch ihren typischen Geschmack bekommen, nur noch auf Kunst-Stroh gelagert werden dürfen. Nun ist das sicherlich eine Kleinigkeit, die die meisten Menschen verschmerzen können. Andererseits ist es aber Teil eines Konzepts, und außerdem habe ich noch nie gehört, daß von Käse-Stroh eine ernsthafte Bedrohung für die Gesundheit der Bevölkerung ausgeht.

Für den langsamen Rückzug des Geschmack sind nicht zuletzt die Züchter verantwortlich. Sie haben unter anderem die beachtliche Leistung vollbracht, große Blaubeeren zu züchten, die so schmecken, daß man auch irgend etwas anderes Blaues essen könnte, ohne den Unterschied zu merken. Auch Brombeeren werden heute in geschmacksneutraler Ausführung hergestellt. Eltern, die daraufhin mit ihren Kindern zum Beerenpflücken in den Wald gehen wollen, werden durch ein mächtiges »Halt« der Verbraucher- und Gesundheitsschützer daran gehindert. »Der Fuchsbandwurm!«, schmettern sie und alle Medien raunen mit, wenn das unappetitliche Tier jeden Sommer pünktlich zur Saure-Gurken-Zeit aus der Versenkung auftaucht. Weil dieser Schmarotzer, vom Fuchs mit seinem Kot ausgeschieden, langfristig eine lebensgefährliche Erkrankung beim Menschen auslösen kann, wird dazu geraten, im Wald gepflückte Beeren allenfalls gekocht zu verzehren. Fragt man einmal genauer nach, dann fällt der schlagzeilenträchtige Stoff kläglich in sich zusammen. Denn erstens legt auch der Fuchs seinen Kot da ab, wo es für ihn anatomisch am günstigsten ist, also ziemlich weit unten, so daß der größte Teil der Brombeeren und Himbeeren gar nicht betroffen ist. Und zweitens ist dem Bundesinstitut für gesundheitlichen Verbraucherschutz und Veterinärmedizin kein einziger Fall bekannt, der auf diesem Weg und nicht auf dem üblichen durch Haustiere übertragen wurde. Natürlich spricht nichts dagegen, alles im Wald Gesammelte gründlich zu waschen oder durchzukochen und zu Kompott oder Marmelade zu verarbeiten. Aber man muß nicht gleich in Panik verfallen, wenn die Kinder sich beim Sammeln eine Beere in den Mund stecken.

Auch Feinschmecker fangen klein an

Inzwischen haben Feinschmecker angefangen, sich zu einer Gegenbewegung zu organisieren. Sie wollen regionale Eigenheiten, Frische, Qualität und abwechslungsreiche Ernährung vor den Plattmachern aus allen Lagern retten und dafür sorgen, daß der Geschmack eine Zukunft hat. »Slow-Food«, eine aus Italien kommende Genießervereinigung, setzt sich für umweltschonenden Genuß auf hohem Niveau ein und befürwortet entsprechende Anregungen auch in der Kindererziehung. Die Schnecke ist ihr Wappentier.

»Eurotoques«, die Vereinigung europäischer Köche, hat bereits erste Maßnahmen gegen die Verwahrlosung des Geschmacks eingeleitet. In einem vielbeachteten Versuch, der zusammen mit den Kultusministerien durchgeführt wird, besuchen die Köche Schulklassen und setzen für eine Stunde Genuß auf den Stundenplan. Die Erfahrungen, die sie dabei machen, sind deprimierend. Die meisten der Zehn- bis Zwölfjährigen wissen zwar, was Kohlehydrate und Vitamine sind, erkennen aber keinen Unterschied zwischen salzig, bitter und sauer. Jeder Zweite kann Petersilie und Schnittlauch nicht unterscheiden und kaum einer kennt verschiedene Kräuter und Gewürze. Kein Wunder, meint Ernst-Ulrich Schassberger, Deutschland-Chef der »Eurotoques«: »95 Prozent der Kinder bekommen zu Hause Büchsennahrung vorgesetzt.« Schuld daran ist sicherlich nicht nur Bequemlichkeit oder Einfallslosigkeit, sondern auch Zeitmangel. Dagegen läßt sich etwas tun. Die eine Möglichkeit, trotz Hetze gut zu essen, heißt Arbeitsteilung. Es ist nämlich nirgendwo festgelegt, daß sich immer nur eine Person in der Küche abrackern muß. Auch Kindern kann man – anfangs unter Aufsicht, sehr bald jedoch allein – Verantwortung in der Küche überlassen. Der zweite Weg zum guten Essen trotz knapper Zeit läßt sich mit einem Satz beschreiben: einfache, aber gut abgeschmeckte Küche aus guten Zutaten im Alltag und gründlich genießen, wenn die Zeit dazu reicht. Hauptsache, die Rohstoffe stimmen. Es spricht nichts gegen eine Mahlzeit, die aus einem Käsebrot besteht, wenn sowohl das Brot als auch der Käse eine Köstlichkeit sind. Probieren Sie so lange Geschäfte aus, bis sie das mit dem besten Brot, dem besten Käse gefunden haben. Das ist eine einmalige Zeitinvestition, die Zinsen trägt.

Geschmack kann man schulen, das ist ein Trost für alle, die bis jetzt noch nicht auf ihn gekommen sind. Ich habe Erwachsene erlebt, die nach ihrem ersten Boef bourgignon ein neues Leben begonnen haben. Leichter und lustvoller geht es natürlich, wenn die Schulung in der Kindheit beginnt. Was die Berufsköche in den Klassen – übrigens unentgeltlich – mit den begeisterten Schülern machen, läßt sich zu Hause spielend nachvollziehen: Sie erklären den Kindern den Unterschied zwischen Konserven und frischen Produkten und die verschiedenen Geschmacksrichtungen (salzig, süß, bitter, sauer, aromatisch) und lassen sie dann verschiedene Lebensmittel probieren, um mit der Zunge die Unterschiede herauszufinden. Dann wird mit verbundenen Augen der Lernerfolg geprüft.

Zusätzlich zu dieser Grundausstattung können Eltern die unterschiedlichsten vergnüglichen Tests arrangieren. Statt ein Kilo einer bestimmten Apfelsorte zu kaufen, kann man von jeder verfügbaren Sorte einen kaufen. Die Äpfel werden in Stücke geschnitten und die Kinder machen sich – Stückchen für Stückchen – auf die Suche nach ihrem Lieblingsapfel. Ein wunderbarer – und wie ich finde – sehr lehrreicher Vergleich kann zur Erdbeerzeit angestellt werden. Dann kann man nämlich ausprobieren, wie köstlich die Früchte vom nächsten Bauernhof oder vom Markt im Vergleich zu den faden Importen schmecken. Der Versuch läßt sich durch Erdbeeren aus der Tiefkühltruhe und einer Dose Erdbeeren komplettieren. Geeignet für einen solchen Vergleich sind auch andere Produkte, die das ganze Jahr über angeboten werden, aber natürlich vorübergehend Saison haben. Tomaten zum Beispiel oder Gurken. Lassen Sie Ihre Kinder Qualität einfach schmekken!

Joghurt ist für Geschmackstests ganz anderer Art geeignet. Man kann ihn zum Beispiel selbst zubereiten und dann mit gekauftem Naturjoghurt vergleichen, den es auch in guter Qualität gibt. Mit immer neuen Zutaten kann Joghurt sehr unterschiedlich schmecken und angerichtet werden. Mit verschiedenen Kräutern, Früchten, Gemüsestückchen, Honig, geraspelter Schokolade, Marmelade und entsprechend viel Joghurt kann ein ganzer Kindergeburtstag verköstigt werden, oder besser noch, die Kinder können sich selbst verköstigen. Überhaupt sollte man die Kinder, wenn sie wollen, mit der Zusammenstellung des Essens experimentieren lassen. Wenn sie eine Zeitlang Leberwurst plus Kirschmarmelade für den optimalen Brotbelag halten, sollen sie das ruhig essen. Die Eltern werden schließlich nicht gezwungen, es ihnen gleich zu tun (bis auf die Aufforderung »Das mußt du unbedingt probieren.«) Allerdings sind die Eltern nicht verpflichtet, beim nächsten Einkauf an Kirschmarmelade oder Leberwurst zu denken. Es spricht auch nichts dagegen, aus selbst zusammengestellten Obstsorten Phantasiemarmelade zu kochen, die in keinem Supermarktregal der Welt steht oder neue Obstsalatvariationen durchzuprobieren. Wichtig beim Kochen mit Kindern ist, daß man sie alle Zutaten einzeln probieren läßt, soweit das nicht schädlich ist wie etwa bei rohem Fleisch oder rohen Bohnen. Auch so bekommen sie ein Gefühl für Qualität und dafür, wie aus guten Einzelteilen ein leckeres Ganzes entsteht.

Nicht nur durchs Schmecken werden Kinder zu Feinschmeckern erzogen. Die Küche ist die Schule aller Sinne. Schon als Kleinkind hat sich meine Tochter durch meine Gewürzgläser geschnuppert. Wir haben frische Kräuter zwischen den Fingern zerrieben und daran gerochen. »Basilitum«, war Katrins Lieblingskraut, noch ehe sie richtig sprechen konnte. Bis heute verläßt sie sich auf ihre Nase, um zu beurteilen, ob ein Lebensmittel in Ordnung ist, oder um einen Vorgeschmack aufs Essen zu bekommen.

Wie es duftet in einer Küche! Frisches Brot, selbstgebackener Kuchen, Himbeeren an einem Sommertag, Pilze, Zwiebeln, die angebraten werden (wenn sie in der Pfanne rascheln, kann man Geschmack sogar hören!). Und wer noch nie den ersten Duftschwall aus einem Topf genossen hat, der vorher mit einer Mehlpaste versiegelt war, der sollte dieses Erlebnis schnell nachholen. Daß die Augen mitessen, ist eine Volksweisheit, auf die bereits genauer eingegangen wurde. Was jedoch häufig vergessen wird, ist das Fühlen. Mit Essen spielt man schließlich nicht. Daß man das doch mit großem Vergnügen tut, sieht man am besten an Babys, die verzückt in ihrem Brei herummatschen. Nun sollte dieses Verhalten nicht unbedingt bis ins Schulalter gepflegt werden. Aber es gibt ja zufriedenstellenden Ersatz. Den Kuchenteig natürlich, der mit den Händen geknetet wird. Aber auch die Erbsen, die frisch vom Markt kommend enthülst werden. Die knallen richtig aus der Pelle. Im Vergleich dazu fühlen sich dicke Bohnen ganz anders an in ihrer weichen samtigen Schale. Kinder, die keine dicken Bohnen mögen, werden übrigens schnell anderen Sinnes, wenn man die mehligen Häute von den Bohnen entfernt. Ein Matsch-Erlebnis der besonderen Art ist es auch, Kirschen mit der Sicherheitsnadel zu entkernen, bevor man sie zu einem Dessert verarbeitet. Dabei wird ganz nebenbei die Fähigkeit geschult, an der Konsistenz die Qualität von Lebensmitteln zu erkennen.

Bei manchen Gerichten werden alle Sinne angesprochen. Hier ist so eins: **Hühnchen auf Knoblauch-Kräuterbett**. Lassen Sie sich von den vielen Knoblauchzehen nicht irritieren – sie werden durch das Garen ganz mild und schmecken so köstlich, daß ich gut und gerne die doppelte Menge bräuchte, um den Bedarf der Familie zu decken.

Man reibt ein Huhn von 1,5 bis 2 kg innen und außen mit Salz und Pfeffer ein. In die Bauchhöhle kommt ein bouquet garni, also ein gebundenes Sträußchen aus Petersilie, Thymian und Lorbeerblatt. In einen Schmortopf gibt man ca. eine Tasse Olivenöl, 40 ungeschälte Knoblauchzehen (in Worten vierzig) sowie eine Menge Kräuter: Rosmarin, Thymian, Salbei, Lorbeerblatt, Petersilie und Bleichsellerie. Da hinein gibt man das Huhn und dreht es mehrmals, bis es von allen Seiten mit Öl bedeckt ist. Es wird auf dem Bett aus Öl und Gewürzen liegengelassen. Die Kinder haben inzwischen Mehl mit Wasser und etwas Öl vermischt und so eine Paste hergestellt. Mit ihr wird der Spalt zwischen Topf und Deckel versiegelt. Nun schiebt man den Topf in den auf 180 Grad vorgeheizten Backofen, wo er 1 1/2 Stunden bleibt. Der Topf wird versiegelt auf den Tisch gestellt und erst unmittelbar vor dem Essen geöffnet. Ein Fest für die Nase! Zum Essen werden Croutons serviert. Das sind geröstete Weißbrotscheiben, auf die jeder seine

Knoblauchzehen ausdrückt. Die fettdurchtränkten Kräuter haben ihren Geschmack an das Huhn abgegeben und werden in diesem Fall nicht gegessen.

Auch bei den folgenden beiden Rezepten werden Augen, Nase, Zunge und Spieltrieb gleichermaßen angesprochen.
Das eine ist ein **mit Pesto gefülltes Schweinefilet**. Pesto stellt man her, indem man 3 große Knoblauchzehen mit Salz in einem Mörser zu einer glatten Paste verarbeitet. Dazu kommen 2 Eßlöffel Pinienkerne, die zerstampft und mit der Knoblauchpaste verrührt werden. Nun fügt man frische Basilikumblätter dazu (etwa 60 Gramm) und zerstampft sie ebenfalls. Abwechselnd werden jetzt eßlöffelweise frisch geriebener Parmesankäse (insgesamt 100 Gramm) und Olivenöl (ca. 15 Zentiliter) daruntergerührt. Es muß eine Soße entstehen, die etwa so dick ist wie Mayonnaise. Jetzt wird das Schweinefilet mit dem Stiel eines Kochlöffels längs durchbohrt. In das Loch wird mit einem Spritzbeutel mit großer Tülle das Pesto eingefüllt. Das Schweinefilet von allen Seiten in Olivenöl anbraten und bei mittlerer Hitze in ca. 20 Minuten fertig braten. Dazu Baguette und einen Salat reichen.

Einen schönen Matsch-Nachtisch können die Kinder selbst herstellen. Dazu werden Joghurt und Magerquark zu gleichen Teilen zusammengerührt. Mit Honig und dem ausgekratzten Mark einer halben Vanilleschote würzen. Frische Erbeeren im Mörser zu einer roten Pampe zermatschen und unterrühren. Sahne (1/4 der Joghurt-Quark-Menge) mit dem Quirl steif schlagen und unterziehen.

Zum Abschluß der Sinnesschulung darf ein Punkt nicht unerwähnt bleiben: Kein Mensch kann ein Essen richtig auskosten, wenn er es hinunterschlingt. Der Geschmack entfaltet sich beim Probieren, beim Kauen, kurz dann, wenn man ihm Zeit dazu läßt. Entdecken Sie deshalb die Langsamkeit am Eßtisch. Das bedeutet nicht, daß kleine Kinder stundenlang am Tisch sitzen müssen. Sie können durchaus aufstehen, wenn sie fertig sind. Für die Atmosphäre am Tisch sind jedoch die Eltern verantwortlich. Ist sie streßfrei, vielleicht lustig und auf alle Fälle angenehm, dann werden die Kinder freiwillig diesen Stil übernehmen.

Zu den Quellen!

Landauf, landab beklagt man sich darüber, daß Kinder nur noch Fertigfutter kennen und bestenfalls annehmen, Milch käme aus Tüten und Suppe aus der Dose. Um das zu verhindern, und Ihren Kindern auch auf diese Weise Anregungen für eine gesunde und gut schmeckende Ernährung zu geben, ist es am besten, sich mit ihnen an die Quellen der Nahrung zu begeben. Wenn Sie auf dem Land leben, dürfte das eigentlich kein Problem sein. Aber auch für Städter gibt es Möglichkeiten. Viele Bauernhöfe stehen für Urlauber offen. Man kann dort preiswerte und absolut familienfreundliche Ferien erleben. Der Landschriften-Verlag stellt jedes Jahr die aktuellen Angebote mit genauer Beschreibung in einer Broschüre zusammen[37]. Wenn Sie selbst Kontakt zu einem Bauernhof haben, können Sie dort vielleicht einmal eine Führung für mehrere Kinder vereinbaren. So etwas läßt sich auch gut als Ausflug mit dem Kindergarten oder in den ersten Schuljahren planen. Geht all das nicht oder nur sehr selten, wird zumindest ein Markt in erreichbarer Nähe sein. Da sieht man nicht nur Lebensmittel im Urzustand, sondern hat auch noch ein farbenfrohes, sinnliches Erlebnis. Wer einen Nutzgarten hat, muß über die Herkunft von Obst und Gemüse keine theoretischen Erklärungen abgeben. Aber auch in der eigenen Küche lassen sich, je nach der Zeit, die zur Verfügung steht, Lebensmittel produzieren. So kann man zum Beispiel Kräuter ziehen oder Sprossen sprießen lassen.

Auswärts essen

Viele junge Paare haben ein Lieblingsrestaurant oder probieren gern einmal ein neues aus. Bis das erste Kind kommt. Dann wird zu Hause gekocht und vielleicht ab und zu ein Babysitter organisiert, damit die Eltern in Ruhe essen gehen können. Wie schade! Die Eltern bringen sich nicht nur selbst um ein Vergnügen, sondern auch ihre Kinder. Die gehen nämlich aller Erfahrung nach bereits im Kleinkindalter gerne auswärts essen. Sie lieben die Abwechslung. Natürlich stellt das an die Eltern ein paar Anforderungen. Je jünger die Kinder sind, desto mehr müssen sie auf ihre Bedürfnisse eingehen, damit der Restaurantbesuch nicht für alle Beteiligten und für die anderen

Gäste zum Streß ausartet. Wenn die Kinder sich wohl fühlen, dann macht das Essen im anderen Rahmen Spaß. Das heißt nun nicht gleich, daß man mit ihnen unter den Tischen herumkrabbeln muß. Sehr kleine Kindern können mit einem Elternteil nach draußen gehen, damit die Wartezeit nicht zu lang wird. Größere lassen sich gern mit Spielen beschäftigen und genießen die volle Aufmerksamkeit der Eltern. Wir haben in Restaurants vorgelesen, gemalt, Karten gespielt und Rätsel gelöst, aus Servietten Fingerpuppen gebastelt, mit denen wir Theaterspielchen improvisiert haben. Und natürlich erzählt: Restaurants sind hervorragend geeignet, um Urlaubs- oder Kindheitserinnerungen auszukramen. Wichtig ist, in jedem Fall so früh zu gehen, daß die Kinder möglichst nicht müde werden.

Bleibt die Frage, welches Restaurant geeignet ist. Von einer Qual der Wahl kann hier kaum die Rede sein. Die meisten sind nämlich allein schon vom kulinarischen Angebot her völlig ungeeignet. Was da an Kindergerichten angeboten wird, ist eine Zumutung. Paniertes Schnitzel, Erbsen, Würstchen, Pommes frites heißen auf einmal Pumuckel-Teller oder Aladins Leibgericht oder sonstwie. Ich verstehe bis heute nicht, warum nicht einfach eine kleinere Portion des normalen Essens zu einem niedrigeren Preis angeboten werden kann. Auf Nachfrage ist das manchmal möglich. Oft bekommt man auch einen zusätzlichen Teller, wenn man darum bittet. Die besten Erfahrungen haben wir ebenso wie befreundete Eltern in drei ganz unterschiedlichen Restaurant-Typen gemacht.

Da ist einmal der unvermeidliche Italiener. Hier sind nicht nur die Ernährungsvorlieben der Kinder und das Angebot des Hauses deckungsgleich. Auch der Stil ist meist angenehm. Kinder sind willkommen und werden nicht als Störenfriede angesehen.

Eine zweite Empfehlung kann ich für die immer zahlreicheren alternativen Restaurants abgeben, in denen vollwertig oder vegetarisch gekocht wird. Hier ist man meist auf Kinder eingestellt. Eine nachahmenswerte Methode, großen und kleinen Hunger flexibel zu befriedigen, hat ein Bonner Selbstbedienungsrestaurant mit einem ausgezeichneten Vollwert-Büfett entwickelt. Jeder nimmt sich nach Bedarf. An der Kasse werden die Teller gewogen. Bezahlt wird nach Gewicht. Für alle, die nicht lange nach alternativen Restaurants suchen wollen, gibt es einen Reiseführer *Fit durch Deutschland*, in dem 600 Hotels und Restaurants der natürlichen Art vorgestellt werden.[28]

Die dritte Sorte Restaurant, die wir nicht oft, aber immer sehr gern besucht haben, sind Feinschmecker-Restaurants, also die, von denen Eltern mit Kindern im allgemeinen abgeraten wird. Natürlich würde ich nicht gerade mit einem zahnenden Kleinkind dorthin gehen, oder um nach einer langen Bahnfahrt den ersten Hunger zu stillen. Wir haben uns jedoch mit Kind in Feinschmecker-Restaurants wunderbar verwöhnen lassen und die Mahlzeiten in einer schönen Umgebung und entspannten Atmosphäre sehr genossen. Katrin ist beraten und bedient worden wie ein erwachsener Gast – ihren Vorlieben und ihrem Appetit entsprechend. In Frankreich werden in Restaurants dieser Art manchmal preiswerte Kindermenüs angeboten. Sie haben immer eine hervorragende Qualität. Man will schließlich in 20 Jahren auch noch Gäste haben!

Kinder in die Küche!

Den Siegeszug der Fast-Food-Gerichte, und damit wie viele meinen den Untergang der Eßkultur, haben die Architekten auf dem Gewissen. Vor etwa 40 Jahren entdeckten sie die Gefängniszelle – und zwar die Sorte, die von jeder Menschenrechtskommisson geächtet wird – als Vorbild für die Planung von Küchen. Die optischen Ergebnisse sind bekannt. In fensterlosen Vierecken von der Größe eines Ankleideschranks versucht man vergeblich bei Neonlicht festzustellen, ob die Paprikaschote auf der Arbeitsfläche rot, gelb oder grün ist. In Schläuchen, die durch makellos aneinandergereihte Einbauschränke noch einmal verengt werden, hat eine Person gerade noch soviel Bewegungsspielraum, als würde sie zwecks Alkoholtest auf einem Strich balancieren.

Kinder sind bei diesem Konzept nicht vorgesehen. Das ist eine Gemeinheit. Denn Kinder gehören in die Küche. Hier verbringen die Eltern einen großen Teil des Tages, so daß Nähe und Geborgenheit garantiert sind, hier werden alle Sinne wachgekitzelt. Es duftet und brutzelt, es wird geschnibbelt und gerührt, abgeschmeckt und ausgeleckt. Es gibt keinen zweiten Ort, an dem ein Kind Erfahrungen machen kann, die gleichzeitig so kreativ, so praktisch und so sehr von Erfolg gekrönt sind. Wenn ein Dreijähriges den Eltern ein selbstgemaltes Bild zeigt, nicken sie wohlwollend mit dem Kopf und sagen: »Ach wie schön«. Wenn es im gleichen Alter den ersten Bananenquark alleine macht, überschlagen sich alle beim Essen vor Begeisterung und erzählen noch wochenlang davon. Und wo, wenn nicht in der Küche, sollen Kinder lernen, wie man gesunde Mahlzeiten herstellt, wie man gute von schlechten

Lebensmitteln unterscheidet, und wie man ein Essen so zubereitet und anrichtet, daß es gut schmeckt und schön aussieht?

Versuchen Sie also auf alle Fälle, Ihre Küche so einzurichten, daß darin ein Platz zum gemeinsamen Werkeln ist, ein Tisch, ein paar Stühle, das reicht ja. Wenn Sie mit einer »Küchenzeile« geschlagen sind, dann sollten Sie einen anderen Platz in der Wohnung finden, an dem es zumindest möglich ist, das Essen vorzubereiten. Ein unempfindlicher Eßtisch eignet sich zum Beispiel hervorragend.

Bevor ich im einzelnen auf die Küchen-Karriere von Kindern eingehe, noch eine Bemerkung zum Thema Sicherheit. Es stimmt, daß die meisten Unfälle mit Kleinkindern im Haushalt geschehen. Besorgte Eltern halten sich deshalb oft an die alte Redensart von Messer, Gabel, Schere, Licht, die für kleine Kinder angeblich nichts sind. Ich kann jedoch nur empfehlen, sich lieber für ein kalkulierbares Risiko zu entscheiden. Unter Aufsicht der Eltern sollten Kinder früh lernen, wie man schneidet, hackt und raspelt, auch mit scharfem Werkzeug, das ihnen zunächst genau gezeigt und erklärt werden muß. Mit irgendwelchen abgestumpften Spielzeuggeräten kann kein Mensch vernünftig kochen, so daß die Lust daran schnell verlorengeht. Gleichzeitig wächst die Neugier auf das Verbotene. Haben sie einmal die Möglichkeit, damit herumzuspielen, dann ist das Risiko, daß sie sich verletzen, wirklich groß. Kinder verhalten sich dagegen erstaunlich vorsichtig, wenn sie Gefahren kennen, und erstaunlich verantwortlich, wenn ihnen Verantwortung gegeben wird. Kleine Verletzungen sollte man gelassen als Beitrag zum Lernen in Kauf nehmen – schließlich schlagen sich Kinder draußen auch schon mal die Knie auf.

Handwerkszeug für kleine Köche

Wer mit Kindern kocht, sollte seine Küche so ausstatten, daß sie ein möglichst abwechslungreiches Betätigungsfeld ist. Ein Mikrowellengerät regt die Phantasie nicht sonderlich an. Deshalb sollte man anstelle der elektrischen Küchenhelfer oder zusätzlich zu ihnen Geräte anschaffen, die manuell bedient werden können. Folgende Anschaffungen empfehle ich für eine kinderfreundliche Küche:

- Einen Rührfix. Vor der Erfindung der elektrischen Handrührgeräte benutzte man ihn zum Schlagen von Sahne oder Eischnee. Rührfixe bestehen aus zwei Schneebesen, die mit einer Kurbel gedreht werden. Sie stecken in einem durchsichtigen Plastikbehälter. Kinder können also beim Kurbeln zusehen, wie Eischaum und Sahne langsam fest werden. Schneebesen sind auch für Kinder geeignet, allerdings nur für kürzere Arbeitsvorgänge, da ihre Handhabung sonst zu ermüdend ist.
- Eine »Flotte Lotte«, auch Gemüsemühle oder passe suite genannt. Das Gerät sieht etwa aus wie ein breiter Trichter, in das eine Kurbel und je nach Bedarf verschiedene Einsätze eingebaut werden können. Es ist geeignet zum Passieren von weichen Kartoffeln oder Gemüse, etwa zur Herstellung einer Cremesuppe.
- Ein Mörser zum Zerstampfen von Knoblauch, Nüssen, Kernen, Kräutern, zum Beispiel zur Herstellung von Pasten. Natürlich können Kinder auch mit der Knoblauchpresse hantieren.

- Einen Eierschneider, mit dem man, wie schon erwähnt, nicht nur hartgekochte Eier, sondern auch Champignons und gekochte Kartoffeln in Scheiben schneiden kann.
- Eine Raspel mit Restehalter ist sehr geeignet zum Schutz von Kinderhänden beim Gemüseraspeln. Das Gemüse wird mit dem Restehalter aufgespießt.
- Geräte, um Gemüse, Zwiebel und Kräuter manuell zu zerkleinern. Es gibt Hacker, bei denen die Schneide durch ein Gehäuse abgedeckt ist, oder Roller, bei denen mehrere Scheiben zum Schneiden in einem Gehäuse befestigt werden.

- Eine Käsekurbel mit verschiedenen Einsätzen. Man kann mit diesem Gerät Käse fein oder grob reiben, aber auch weicheres Gemüse wie Zucchini zur Herstellung von Gemüsepuffern.
- Einen Spritzbeutel mit unterschiedlich großen Tüllen.
- Eine Saftpresse, um Zitrusfrüchte auszupressen.

Zusammen mit Kochlöffeln, Rührschüsseln, Töpfen, Sieben, Brettchen, Salatschleuder, Ausstechformen sowie kleinen Backformen ist das eine ausreichende Ausstattung, nützlicher als jedes Lernspielzeug und spannender sowieso.
Wenn kleinere Kinder selbständig kochen wollen, dann ist es außerdem empfehlenswert, für sie eine eigene Kochplatte anzuschaffen. Die wird auf einer sicheren Unterlage in der richtigen Höhe aufgestellt.

Jede Mutter, jeder Vater kennt das eigene Kind am besten und weiß, wann ihm welche Tätigkeiten zugetraut werden können. Die folgende Übersicht ist deshalb nur als Anhaltspunkt und vielleicht im Einzelfall als Anregung gedacht.

- Mit knapp einem Jahr beginnen Kinder, die Küche zu erobern. Es ist empfehlenswert, die unteren Schubladen oder Regale, die sie erreichen können, mit Geräten zu füllen, die sie benutzen dürfen. Bald kommt die Zeit, in der nichts interessanter ist als Schränke auszuräumen. Kochlöffel, Töpfe, Plastikschüsseln, Holzbretter, Schneebesen usw. sind Dinge, die sich nicht nur zum Krachmachen eignen, sondern mit denen bald auch die Eltern nachgeahmt werden können. Mit eineinhalb Jahren freuen sich Kinder, wenn sie ein paar Apfelschnitze oder Haferflocken bekommen, mit denen sie »kochen«.
- Zweijährige können ihre Brote selber schmieren. Sie benutzen alle oben aufgeführten kinderfreundlichen Küchenmaterialien und werden langsam mit dem Gebrauch schärferer Messer vertraut gemacht. Sie lieben es, beim Kuchen- oder Plätzchenbacken zu helfen. Ein Stück Teig für sich allein zu bekommen, mit dem sie in einer kleineren Form ihren eigenen Kuchen backen, erfüllt sie mit großem Stolz. Außerdem sind sie begeisterte Rührer. Sehr ausdauernd rühren sie Quark für den Nachtisch mit etwas Milch und Zucker oder Honig glatt. Und wenn sie auch noch kleine

Beeren dazugeben können, dann rühren sie so lange weiter, bis alles kurz und kleingerührt ist.
- Mit drei Jahren können Kinder bereits sehr viel. Sie helfen beim Gemüseputzen und Kartoffelschälen. Einen Quark können sie jetzt schon ganz alleine herstellen, einschließlich der Zerkleinerung von Früchten oder Kräutern (wobei die Zerkleinerung manchmal noch ziemlich großformatig ausfällt). Ein halbes Jahr später machen sie mit Vorliebe alleine Frühstück. Das können sie ganz prima. Zwei Einschränkungen: Sie dürfen die heiße Kaffeekanne nicht transportieren und kein Brot schneiden. Macht nichts. Es gibt schließlich Brötchen. Die können sie, wenn keine Straße zu überqueren ist, bald schon alleine vom Bäcker holen. Und manuell sind sie meist schon so geschickt, daß sie gut und gerne Plätzchen für die Weihnachtsbäckerei ausstechen können.
- Vier- bis Fünfjährige machen erste Erfahrungen am Herd. Pfannkuchen oder Rührei bereiten sie ganz alleine zu, am besten zunächst in einer beschichteten Pfanne mit möglichst wenig Fett. Obstsalat oder andere Salate herzustellen, das ist für sie gar kein Thema mehr. Ihr Schönheitssinn bewirkt, daß sie große Freude an Verzierungen und Dekoration haben.
- Wenn die Kinder in die Schule kommen, dann können sie langsam anfangen, selbständig zu kochen. Sie lernen lesen und können das eine oder andere Rezept aus einem guten Kinderkochbuch ausprobieren. Sie lernen rechnen und damit kommen sie hinter die Geheimnisse von Gramm, Pfund und Liter. Die Kinder haben großen Spaß daran, ihre Einkaufsliste selbst zusammenzustellen, alleine einzukaufen, Preise zu vergleichen. Auch das Saubermachen nach dem Kochen fällt jetzt in ihren eigenen Zuständigkeitsbereich, auch wenn sich der Spaß daran in Grenzen hält.
- Mit acht bis neun Jahren sollten Kinder ihren Grundkurs Küche abgeschlossen haben. In diesem Alter kann man ihnen

auch zutrauen, an einer Maschine mit Fingerschutz Brot zu schneiden, andere elektrische Geräte zu bedienen und vorsichtig das Kochwasser von Nudeln oder Kartoffeln abzuschütten.

- Was jetzt noch kommt, ist Luxus. Katrin zum Beispiel stürzte sich mit Feuereifer in die Herstellung von mehrgängigen Menüs. Einer der Höhepunkte unserer Ferien mit Freunden war immer »der Tag, an dem die Kinder kochen«. Alle mitreisenden Kinder, die älter als vier Jahre waren, verbrachten einen ganzen Tag in der Küche. Sie planten, kauften ein, kochten, servierten und machten die Küche sauber. Einer von den Erwachsenen hatte bei ihnen Dienst, durfte allerdings nur beraten und in Notfällen (die nie vorkamen) eingreifen.

Kinder, die selbständig kochen, probieren gern Rezepte aus, mit denen sie die Erwachsenen überraschen. Anregungen dazu finden sie in Kinderkochbüchern. Ein Klassiker auf diesem Gebiet ist zum Beispiel Barbara Rüttings *Koch- und Spielbuch für Kinder*.[29] Auch in Zeitschriften werden Rezepte für Kinder veröffentlicht. Sehr anregend und phantasievoll ist hier zum Beispiel die Zeitschrift *spielen und lernen*. Es lohnt sich, solche Rezepte auf Karteikarten oder in einem handlichen bunten Ordner zu sammeln.

Urlaub vom Eßtisch

Es war an einem schönen Wintertag um 10 Uhr morgens. Die Sonne schien in unser Wohnzimmer und das Thermometer zeigte 12 Grad unter null. Da beschlossen Anni und Katrin, draußen zu frühstücken. Anni und Katrin waren damals fünf Jahre alt, und wenn sie gemeinsam etwas beschlossen, dann hatten sie eine ziemlich gute Ausgangsposition gegen ihre etwas hilflos wirkenden Erziehungsberechtigten. Das Ende vom Lied war denn auch, daß sie verpackt wie die Polarforscher und mit einer Thermoskanne voll glühend heißem Kakao versehen draußen saßen und versuchten, ihre rasch frierenden Käsebrote mit Fausthandschuhen in den Mund zu befördern. Hinterher waren sie unten herum etwas kühl und oben herum etwas verbrannt vom Kakao, aber sie haben sich nicht einmal erkältet und erzählen noch heute manchmal von ihrem denkwürdigen Winterpicknick.

Kinder lieben alles, was geheimnisvoll, witzig, ungewöhnlich, spannend ist und sie haben eine besondere Vorliebe dafür, Essen mit Erlebnissen zu verknüpfen. Die belegten Brote mit Freunden in einem Versteck oder einer Höhle geteilt schmecken, auch wenn sie ausgiebig mit Sand paniert sind, unvergleichlich viel besser als ähnliche Exemplare – ohne Sand natürlich – am Familientisch. Jetzt kann man einwenden, daß Essen dazu diene, den Körper mit Nahrung zu versorgen und mit Spiel und Erlebnis nichts zu tun habe. Das mag stimmen, doch scheint ein Bedürfnis auch im erwachsenen Menschen zu sein, das diese vernünftige Einsicht untergräbt. Sonst würde wohl nicht so viel Geld für Erlebnisgastronomie ausgegeben. Und ein Glas Champagner mit Freunden am Strand getrunken schmeckt unvergleichlich viel besser als die gleiche Marke in den eigenen vier Wänden. Kombinieren wir also mit unseren Kindern die Freude am Spiel und die Freude am Essen und verdoppeln dadurch beides.

Es ist, um das zu erreichen, keinesfalls nötig, einen Zirkus zum Essen zu engagieren. Manche Lebensmittel scheinen schon vom Aufbau her zum Spielen gedacht zu sein. Kirschen zum Beispiel. Eigentlich kann man Kirschen gar nicht essen, ohne mit den Kernen um die Wette zu spucken. Am besten sitzt man auf einem Berg und spuckt runter. Auch ein Balkon ist hervorragend geeignet (aber Vorsicht: Nicht auf Passanten spucken!), und an regnerischen Tagen tut es auch ein langer Korridor. Wenn man lange genug übt, kann man sogar Weltmeister in dieser Disziplin werden. Kein Witz: Solche Meisterschaften werden wirklich ausgetragen und der Rekord liegt ungefähr bei 20 Metern. **Artischocken** sind auch so ein Lebensmittel. Genüßlich rupft man Blatt für Blatt ab, tunkt es in eine Soße und lutscht es aus. Die Soße kann übrigens ein simpler Joghurt sein, mit Salz und Pfeffer gewürzt und mit etwas Tomatenmark rosa gefärbt oder mit ein paar frisch gehackten Kräutern und einem Hauch Knoblauch aromatisiert. Wunderbar schmeckt auch Crème fraîche, mit etwas Joghurt glattgerührt, mit Salz, Pfeffer, einem Spritzer Tabasco, ein wenig Zitronensaft und einer Prise Zucker gewürzt und mit Krabben vermischt. **Maiskolben** knabbern gehört zur kindlichen Erlebnisverpflegung. Sie werden etwa 20 Minuten in sprudelndem Wasser gekocht und mit etwas Butter bestrichen. Mit einem Vollkornbrötchen dazu, das mit Butter und etwas Knoblauch bestrichen im Backofen heiß gemacht wurde, ist das ganz nebenbei ein köstliches Abendessen. Natürlich muß man auch mal **Popcorn** selbst herstellen. Die Maiskörner werden in einen Topf mit heißem Speiseöl geworfen – nicht zu viele auf einmal. Jetzt sofort den Deckel verschließen oder sich in Sicherheit bringen. Die Umwandlung von Mais zu Popcorn wird nämlich mit explosiven Sprüngen vollzogen. Zusammen mit Puderzucker (durch ein Teesieb darüber gestäubt) und einem Disney-Film wird daraus ein originalgetreues Kino-Ereignis.

Erlebnis oder Spiel und Essen kombinieren, das kann man bei vielen Gelegenheiten. Schon sehr kleine Kinder füttern gern ihre Puppen und Tiere und essen bei dieser Gelegenheit gleich selbst, besonders wenn Mutter und Vater auch mitmachen. Frühstück im Bett kann wunderbar sein (wenn die Eltern es auch mögen) und noch besser – Abendessen im Bett, wenn der Freund oder die Freundin einmal zum Übernachten bleibt.

Picknick

Unübertroffen ist ein Picknick. Man kann Picknick zu einer sehr aufwendigen Angelegenheit machen mit teuren Picknickkoffern und tagelangen Vorbereitungen. Aber meiner Ansicht nach zielt man damit am Spaß vorbei. Der besteht für uns darin, daß wir an einem schönen Tag mit großen und kleinen Freunden draußen sind. Bälle gehören dazu, viel Platz zum Spielen, ein Baum, der Schatten wirft und die Überraschung: Was wird wohl aus den vielen Taschen ausgepackt? Spannend und gleichzeitig arbeitssparend ist es, wenn alle, die mitkommen, etwas zum Essen beisteuern. Aber auch, wer alleine für die kulinarische Ausstattung sorgt, muß sich deswegen keine grauen Haare wachsen lassen. Mineralwasser, frisches Stangenbrot oder Brötchen. Knackiges Obst (nichts was matscht), Käse am Stück, kleingeschnittenes, rohes Gemüse (Paprikaschote, Fenchel, Zucchini, Radieschen usw.). Das ist schon die Grundausstattung. Dazu vielleicht ein sättigender Salat (Kartoffelsalat mit Essig-Öl-Schnittlauch-Soße), ein paar gebratene Hähnchenbeine und wenn es ganz edel sein soll, ein Kuchen – mehr ist nicht nötig. Und besonders phantasievoll muß auch nicht gekocht werden, denn schließlich schmeckt sowieso alles anders als zu Hause. Apropos zu Hause: Natürlich kann man auch da wunderbar picknicken, im Garten, auf dem Balkon oder bei Regen auf einer Decke im Kinderzimmer. Das Wichtigste ist schließlich, einmal Urlaub vom Eßtisch zu nehmen.

Grillparty

Ein anderes Erlebnisessen im Freien ist in den letzten Jahren ins Gerede gekommen: das Grillen. Meist war es in der Vergangenheit mit dem Verzehr großer Fleischmengen verbunden, womit man heute sowieso schon aus guten Gründen zurückhaltender geworden ist. Außerdem ist inzwischen bekannt, daß es nicht gerade gesund ist, wenn Fett in die Glut tropft. Der Rauch, der dann aufsteigt und an Koteletts und Würstchen hängenbleibt, enthält Benzpyrene, und die sind krebserregend.
Doch statt auf das Grillen zu verzichten, kann man empfehlenswerte Alternativen ausprobieren. Gegen Benzpyrene hilft es, den Grillrost abzudecken, bevor man das Grillgut darauf legt, dann kann kein Fett in die Glut tropfen. Zum Abdecken ist Alufolie geeignet. Wer aus ökologischen Gründen darauf verzichtet, erreicht denselben Effekt mit Blättern oder einem heißen Stein. Und wer sagt denn, daß man unbedingt Fleisch grillen muß? Wie gut gegrillte Kartoffeln schmecken, hat fast jeder schon einmal probiert. Daß aber auch Gemüse, Obst, Käse oder Brot ausgezeichnet zum Grillen geeignet sind, hat Jutta Grimm mit Freunden entdeckt. Ihre Rezepte hat sie in einem anregenden Buch *Vegetarisch grillen* gesammelt[33]. Hier sind zwei Beispiele.

Obstsalat am Spieß
Gemischte Früchte wie Erdbeeren, Kirschen, Stachelbeeren, Äpfel, Birnen, Pfirsiche oder Aprikosen werden gewaschen oder geschält, gegebenenfalls entsteint, in mundgerechte, aber nicht zu kleine Stücke geschnitten und auf

Spieße gesteckt. Aus 2 Eßlöffeln Honig, 1 Eßlöffel süßer Sahne und Zitronensaft wird eine nicht zu dünnflüssige Marinade bereitet, mit der die Spieße großzügig bestrichen werden. Eine halbe Stunde durchziehen lassen. Die Obstspieße werden auf dem Rost von jeder Seite eine bis zwei Minuten gegrillt.

Steckerlbrot
Aus 500 Gramm Weizenmehl, 1 Päckchen Hefe, 1 Teelöffel Salz und 1 bis 2 Eßlöffeln frischen Kräutern wird ein geschmeidiger Hefeteig geknetet. 15 Minuten gehen lassen. Inzwischen kann man gerade Stöcke aus frischem Holz sammeln, von denen die Rinde geschält wird. Vom Hefeteig werden Stücke abgenommen und zu langen Würsten, die etwa 1 Zentimeter dick sind, ausziehen. Die Teigwürste werden spiralförmig auf die Stöcke gewikkelt und über den Grill gehalten. Dabei müssen sie ständig gedreht werden, damit das Brot nicht verbrennt.
»Steckerlbrot eignet sich auch gut für Lagerfeuer und fürs gemütliche Beisammensein am offenen Kamin. Gerade Kindern macht es Spaß, ihr eigenes Brot selbst zu backen.«[34] Wir haben es ausprobiert und können nur bestätigen: Steckerlbrot ist ein Höhepunkt der Erlebnis-Esserei.

Fondues

Was im Sommer das Grillen, ist im Winter das Fondue – für Kinder, meint man, wenig geeignet. Fleischstücke, in heißem Öl gebraten oder Käse in Wein geschmolzen, das macht tatsächlich keinen familienfreundlichen Eindruck. Doch sollte man auch hier nach geeigneten Alternativen suchen, denn Kinder lieben Fondue. Das eigene Essen selbst zuzubereiten und dabei auch noch zusehen zu können, die wunderbare Matscherei mit vielen Soßen auf dem Teller, die gemütliche Atmosphäre ohne Hektik – das alles macht schon kleinen Kindern Spaß. »Wir haben gestern ein Fest gefeiert«, erzählte Katrin, gerade zwei Jahre alt nach ihrem ersten Fondue-Abend der Oma. »Wir haben Würstchen in Soße gebraten.« Eine Erinnerung an Feste ist Fondue bis heute für sie geblieben und von Zeit zu Zeit ermahnt sie uns, daß wir schon viel zu lange keins mehr gegessen haben.

Ein klassisches Käsefondue ist natürlich wegen des unvermeidlichen Weins für Kinder wirklich nicht geeignet. Wie sie es mit Fleischfondue halten, können nur die Eltern selbst entscheiden. Auf Fondues müssen sie auf keinen Fall verzichten, denn es gibt schließlich auch Gemüse-Varianten. Dabei wird Gemüse in einer Hühnerbrühe, die auf dem Rechaud bruzzelt, knackig gegart und wie Fleisch in verschiedene Saucen getunkt. Die Brühe stellt man her, indem man Hühnerklein mit etwas Möhre, Porree, Sellerie, Zwiebel und Salz in kaltem Wasser ansetzt und etwa 1 1/2 Stunden bei mittleren Temperaturen kochen läßt. Der graue Schaum, der sich dabei bildet, wird abgeschöpft. Die fertige Suppe durch ein Sieb gießen. Viele Gemüsesorten eignen sich für dieses Fondue. So können auf einer Platte hübsch angerichtet werden: Brokkoli und Blumenkohl in Röschen geteilt, Zucchini und Möhren in Streifen geschnitten, zarte Stengel von Bleichsellerie mit ihren Blättchen, feine grüne Bohnen, Paprikaschoten in verschiedenen Farben, Fenchelknolle und kleine Zuchtchampignons. Nicht geeignet sind Sorten, die entweder zu weich sind, wie zum Beispiel Tomaten oder zu klein, wie Erbsen. Zu dem Gemüse werden verschiedene Soßen serviert, beispielsweise eine Frankfurter grüne Soße. Sie besteht aus sehr feingehackten Kräutern, die mit hartgekochtem Eigelb gut vermischt werden. Mit wenig Salz, Pfeffer, Essig und Senf würzen. Nach und nach Öl zugeben, dabei wird die Paste mit dem Schneebesen zu einer Mayonnaise aufgeschlagen. Die klassischen Kräuter für diese Soße sind Petersilie, Estragon, Kerbel, Borretsch, Majoran und Sauerampfer. Sie hält es aber auch aus, wenn etwas davon fehlt oder ersetzt wird. Etwas schneller hergestellt ist eine einfache Tomaten-Joghurt-Soße. Dazu wird ein Becher Sahnejoghurt mit einem Eßlöffel passierten Tomaten (Päckchen), kleingehackten Frühlingszwiebeln und Tomatenwürfelchen (aus abgezogenen und entkernten frischen Tomaten) verrührt und mit Salz und Pfeffer abgeschmeckt.

Wer über Fondues und Kinder schreibt, kommt natürlich nicht darum herum, ein Rezept für ein süßes Fondue vorzustellen, Höhepunkt bei Kindergeburtstagen. Mehr noch als das klassische Schokoladenfondue, das wahrscheinlich bekannt ist, hat uns ein Erdbeerfondue gefallen. Im Mittelpunkt stehen dabei natürlich große Mengen reifer, frischer Erdbeeren, die in verschiedene köstliche Soßen getunkt werden können. Empfehlenswert sind Himbeer-Joghurt-Soße (aus Joghurt, durch ein Sieb passierte Himbeeren, Puderzucker und Zitronensaft), Schokoladensoße (Zartbitterschokolade im Wasserbad schmelzen, kalte Butter hineinrühren und zwar auf eine Tafel Schokolade etwa 25 Gramm Butter) oder Zitronenzucker (Zucker mit abgeriebener Zitronenschale vermischt) Auch Vanillesoße oder Karamelsoße passen wunderbar. Erdbeeren sind bei diesem Fondue die Idealbesetzung, aber auch Birnenstückchen, kernlose Weintrauben, nicht zu süße Stachelbeeren oder Pfirsiche passen gut.

Geburtstagsessen

Kindergeburtstage sind, wie alle Eltern wissen, auch in puncto Essen eine äußerst heikle Angelegenheit. Tolle Erlebnisse werden erwartet, die gastgebenden Eltern geben sich enorme Mühe, die Kinder sind überdreht. Wenn man dann Pech hat, behauptet eins der Kinder, von Pizza werde ihm immer schlecht (wahrscheinlich wird es sich drastischer ausdrücken), alle anderen Kinder finden das eine tolle Idee und sagen, ihnen würde auch immer schlecht von Pizza, und Sie können Ihre Überraschungs-Pizza selber essen. Gegen solche seitens der Eltern ziemlich unerwünschten Einlagen gibt es zwei bewährte Rezepte. Das eine: Die Kinder fertigen ihre Pizza selber an und sind somit einen guten Teil des Nachmittags beschäftigt. Die zweite Möglichkeit ist ein Buffet für Kinder. Das macht zwar bei der Vorbereitung ein wenig Arbeit, hat uns aber immer eine ruhige Viertelstunde beschert. Diese **Geburtstagsbuffets** zeichnen sich dadurch aus, daß alles, was auf ihnen angeboten wird, klein ist. Es kann also Lebensmittel geben, die ohnehin Miniformat haben oder solche, die man appetitlich klein zubereitet hat. Hier eine Auswahl:

Kirschtomaten, halbiert und mit einem-Klacks Eiercreme bedeckt (hartgekochtes Eigelb, zerdrückt und mit sehr wenig Sahne geschmeidiger gemacht, das Eiweiß und etwas Petersilie fein hineingeschnitten).

Oder: Kleine Pfannkuchen (Durchmesser etwa fünf bis sechs Zentimeter) aus 150 Gramm Mehl, 1/4 Liter Milch, 2 Eiern und einer Prise Salz backen (reicht für etwa 15 Stück) und mit verschiedenen Marmeladen bestreichen. Zusammenrollen und mit einem Zahnstocher befestigen.

Oder: Dünne Pfannkuchen mit normalem Umfang backen, mit Crème fraîche bestreichen, mit Dill bestreuen und mit zarten Räucherlachs-Scheiben belegen. Dann zusammenrollen und in Streifen schneiden. Sieht nicht nur toll aus, schmeckt auch so.

Oder: Salatgurkenscheiben anrichten und auf jede eine gute Löffelspitze Dillcreme geben (Schmand mit kleingeschnittenem Dill und ein paar Tropfen Zitrone verrühren).

Oder: Brottaler ausstechen und unterschiedlich belegen (zum Beispiel Frischkäse und eine Weintraube in der Mitte, Putenbrust mit sehr kleinen Würfeln von roter Paprika bestreut, Scheiben von hartgekochtem Ei mit einer Scheibe Cornichon oder mit Brunnenkresse belegt, vegetarische Cremes aus dem Bio-Laden oder Reformhaus, mit Sonnenblumenkernen oder Erdnüssen verziert, Butter, Salatblatt und Krabben).

Oder: Melonenkügelchen, mit dem Ausstecher schön rund formen und in der Schale servieren.

Oder: Kleine Hackfleischbällchen, fertige Mini-Windbeutel aus der Tiefkühltruhe, Radieschen, Mini-Käse, Käse-Obst-Spieße.

Die Kinder müssen nicht am Tisch essen, sondern können sich in kleinen Gruppen auf Decken im Wohnzimmer verteilen. Erfahrungsgemäß nutzen sie das Essen als Erholungspause an einem anstrengenden Nachmittag. Erlebnisreiches Essen, das muß nicht an besondere Feste geknüpft sein. Ob Sie die Möglichkeit haben, bei der Obsternte zu helfen oder wenigstens Ihre Erdbeeren auf einer Plantage zu pflücken, ob Sie Wildkräuter für den Salat sammeln oder eßbare Kastanien, die später in der Pfanne geröstet werden – immer sollten Ihre Kinder dabei sein. Denn gegen solche starken Speisen sieht jede Art von Fast Food blaß aus.

Gerichte und Geschichten

Der GuRie öffnete einen hohen Schrank und holte daraus das scheußlichste Ding hervor, das Sophiechen jemals gesehen hatte. Es war halb so lang wie ein ausgewachsener Mann, aber viel dicker. In der Mitte war es so dick wie eine Mülltonne. Das Ding war schwarz mit weißen Längsstreifen. Und was am schlimmsten war: von oben bis unten und rundherum war das Ding übersät mit garstigen Warzen.«[35] Diese Ausgeburt des Schreckens, die Roald Dahl in seinem preisgekrönten Kinderbuch *Sophiechen und der Riese* so plastisch beschreibt, ist eine Kotzgurke. Weil er es ablehnt, Menschen zu essen, muß sich der GuRie, der gute Riese, von diesem Ekel-Fraß ernähren, der genauso schmeckt wie er aussieht.

Geschichten vom Essen und Trinken spielen in Kinderbüchern und Märchen eine große Rolle. Auch wenn sie kaum je so drastisch ausfallen, wie im oben zitierten Beispiel, so sind sie doch selten so beschaffen, daß ernährungsbewußte Eltern ihre Freude daran haben. Wenn Pipi Langstrumpf ihre Freunde zum Essen einlädt, dann fließt die Limonade in Strömen, Pfefferkuchenteig wird auf dem Fußboden ausgerollt und die Eier zum Pfannkuchenbacken wirbeln durch die Luft. Oder Pu der Bär. Der ißt erstens zuviel – Zeit für einen Mundvoll ist bei ihm rund um die Uhr – und zweitens viel zu süß. Am liebsten würde er sich ständig mit Honig vollstopfen. Kinder lieben solche Erzählungen, weil darin möglich ist, was ihnen oft verboten wird: am Essen zu mäkeln, mit Lebensmitteln herumzumatschen oder soviel Süßes zu essen, bis einem schlecht wird. Den letzten Wunsch haben wahrscheinlich die Menschen früherer Zeiten schon gehabt. In Märchen wie Tischlein-Deck-Dich und Schlaraffenland haben sie ihre Sehnsucht nach unerreichbarer Fülle und immerwährendem Wohlgeschmack in Worte gefaßt.

Doch neben Zuckerzeug und Ekelkram gibt es in Märchen und auch in zeitgenössischer Kinderliteratur durchaus brauchbare Vorschläge, die man mit Kindern einmal ausprobieren sollte. Es macht Spaß, danach zu suchen. Und danach zu kochen, verleiht selbst einfachen Gerichten Glanz. Essen wie im Märchen – das regt neben den Sinnen auch die Phantasie an. Allerdings müssen Koch oder Köchin auch die eigene Vorstellungskraft etwas spielen lassen. Denn nach genauen Rezepten wird man in Büchern meist vergebens suchen. Mit ein bißchen Küchenerfahrung und Einfallsreichtum kann man sie jedoch selbst zusammenstellen. Hier ein paar Beispiele:

Selbst Pippi Langstrumpf ist durchaus gesünderen Genüssen zugetan als Limonade. Zum Beispiel der **Rhabarbergrütze à la Pippi.**
»I«, sagte Pippi, »ich muß heute wieder einen Glückstag haben. Schutzleute sind das beste, was ich kenne – außer Rhabarbergrütze.«[36]
Das folgende Rezept ist zwar strenggenommen keine Grütze, wird aber in Pippis Heimat Schweden als »Rhababerkräm« sehr gern gegessen:
500 Gramm Rhabarber werden geputzt, in Stücke geschnitten und mit einer Tasse Wasser weichgedämpft. Dann werden noch etwas Wasser und 200 Gramm Puderzucker hinzugefügt. Aufkochen und 1 Eßlöffel angerührtes Stärkemehl (Maizena) unterrühren. 3 Minuten kochen. Erkalten lassen und mit Sahne servieren.

Frühstücken wie Pu's Freunde

»Wenn du morgens aufstehst, Pu«, fragte Ferkel schließlich, »was sagst du dann zuallererst?«
»Was gibt es zum Frühstück?« antwortete Pu. »Und was sagst du, Ferkel?«
»Ich sage, ich möchte gern wissen, ob heute etwas Aufregendes passiert«, erklärte Ferkel.
Pu nickte nachdenklich. »Das ist ja dasselbe«, stellte er fest.[37]
Wer frühstücken möchte wie Pu der Bär, muß keinen großen Aufwand betreiben. Honigbrote reichen, und wenn es einmal nicht so üppig ausfallen soll (meint Pu), kann das Brot auch wegbleiben. Auch die anderen Tiere in Pu's Reich essen wenig abwechslungsreich. Ferkel labt sich an Eicheln, Esel bleibt bei seinen Disteln und Ruh, das kleine Känguruh, bekommt wie alle braven Kinder eine Milchspeise. Und da Ruh in einem englischen Kinderbuch lebt, kann es sich dabei um folgenden **Porridge** handeln:

75 Gramm Hafergrütze werden 30 Minuten lang in gut 1/4 Liter kaltem Wasser eingeweicht und anschließend mit dem Einweichwasser und 1/4 Teelöffel Salz zum Kochen gebracht. Bei milder Hitze im offenen Topf gut 35 Minuten ausquellen lassen. Von Zeit zu Zeit umrühren. Danach 60 Milliliter Milch unterrühren und den Brei sehr heiß servieren. Nach Geschmack braunen Zucker und flüssige Sahne darübergeben.

Heidis Käsebraten

Sehr calciumreich, einfach und gesund ist die Kost, mit der Johanna Spyri ihre Heidi groß und stark macht: Ziegenmilch und Käse satt. Sie beschreibt die schlichte Mahlzeit beim Alm-Öhi so appetitanregend, daß mir schon als Kind beim Lesen das Wasser im Mund zusammenlief.
»Im Kessel fing es an zu sieden und unten hielt der Alte an einer langen Eisengabel ein großes Stück Käse übers Feuer und drehte es hin und her, bis es auf allen Seiten goldgelb war.« Sybil Gräfin Schönfeldt hat in der Zeitschrift *spielen und lernen* rekonstruiert, wie man einen solchen **Schweizer Käsebraten** herstellt:
»Man macht ihn in der Pfanne. Dazu schneidet man den Ziegenkäse in fingerdicke Scheiben, pudert diese von beiden Seiten mit Pfeffer und Paprikapulver und paniert sie mit Ei und Semmelbröseln. Dann auf mittlerer Hitze und mit wenig Fett in der Pfanne von beiden Seiten goldgelb backen. Wie beim Alm-Öhi sofort auf eine Scheibe Schweizer Brot (Weizenvollkornbrot) gleiten lassen und essen.«[38]

Peterchens Mondfladen

Wahrscheinlich haben alle Kinder, deren Eltern einen Fernseher besitzen, schon einmal »Peterchens Mondfahrt« gesehen. Im gleichnamigen Märchen wurde schon unseren Großeltern verraten, was es auf dem Mond zu essen gibt: Mondbutter, Sternblumenklee, Milchstraßen-Schlagsahne und Himmelsziegenhörnchen. Das Sandmännchen aber schwärmt für etwas anderes: »Das Sandmännchen schmunzelte ordentlich bei dem Gedanken an die Mondscheinfladen. Sie waren nämlich sein Leibgericht. Und heute nacht sollte es welche geben. Das hatte der Milchstraßenmann, der die Mondbutter liefern muß, verraten.«[39]

Ich weiß nicht genau, wie man Mondfladen herstellt, aber ich kenne ein Rezept, das ähnlich bleich aussieht und mindestens ebensogut schmeckt.

In Österreich nennt man es **Topfenpalatschinken**. Es ist ein Rezept aus der Kategorie: nicht unbedingt gesundheitsbewußt, aber göttlich.

Zuerst wird die Füllung zubereitet. Sie besteht aus 2 Eidottern, die mit 150 Gramm feinem Zucker cremig gerührt werden. Dazu kommen 300 Gramm Sahnequark, einige Tropfen Vanillearoma und 100 Gramm Rosinen. Für den Teig werden 300 Gramm Mehl mit 4 verquirlten Eiern, 1/2 Liter Milch und einer Prise Salz verrührt. Er reicht für etwa 16 Palatschinken, die in einer Pfanne von 12 bis 15 cm Durchmesser gebacken und anschließend heißgestellt werden, bis alle fertig sind. Dann werden sie mit der Quarkmasse gefüllt, zusammengerollt und auf einer vorgewärmten Platte serviert.

Ein Menü vom kleinen Bären und dem kleinen Tiger

Ein komplettes Kinderbuch-Menü läßt Janosch den kleinen Bär und den kleinen Tiger in seinem Bilderbuch *Oh, wie schön ist Panama* servieren: »Der kleine Bär kochte jeden Tag das Essen; denn er war ein guter Koch. ›Möchten Sie den Fisch lieber mit Salz und Pfeffer, Herr Tiger, oder besser mit Zitrone und Zwiebel?‹ ›Alles zusammen‹, sagte der kleine Tiger, ›und zwar die größte Portion.‹ Als Nachspeise aßen sie geschmorte Pilze und dann Waldbeerenkompott und Honig.«[40] Auch wenn die Zusammenstellung und vor allem die Reihenfolge etwas ungewöhnlich sind, hat das Menü

den unbestreitbaren Vorteil, daß es schon kleinen Kindern Fische schmackhaft macht. Wir haben es auf ganz einfache Art zubereitet:
Der Fisch: Für vier Personen werden 800 Gramm Seelachsfilet gesäubert (gründlich nach Rest-Gräten forschen und diese herausziehen!), mit dem Saft einer Zitrone gesäuert, gesalzen, gepfeffert und auf Wunsch gewürfelt. Vier Zwiebeln fein würfeln und in einem Eßlöffel Öl andünsten. Fisch dazugeben und bei kleiner Hitze ca. 20 Minuten garziehen lassen. Wenn die Kinder keine allzu heftigen Einwände wegen der Originalität haben, kann man Naturreis dazu kochen.

Die Pilze: 400 Gramm Zuchtchampignons werden geputzt (sie müssen nicht gewaschen werden). Kleine Exemplare läßt man ganz, größere halbieren oder vierteln. Die Pilze werden je nach Wunsch zart zubereitet (ca. 10 Minuten in einem Eßlöffel Butterschmalz braten, nur salzen) oder kräftig. Zu diesem Zweck brät man sie in Olivenöl und würzt mit einem Lorbeerblatt (vor dem Servieren entfernen), einer durchgedrückten Knoblauchzehe und etwas Salz.

Die Zutaten für das **Waldbeerenkompott** kann man natürlich selbst sammeln. Sie werden mit einem Zuckersirup übergossen. Für ein Kilo Früchte nimmt man 500 Gramm Zucker. Der wird in 1/2 Liter Wasser eingekocht. Auf die Beeren gießen und zudecken. Wenn sie erkaltet sind, den Sirup abschütten, dick einkochen und über das Kompott geben. Man kann auch sehr einfach (wenn auch nicht ganz stilecht) aus einer Packung tiefgekühlter gemischter Beeren (300 Gramm) eine Grütze zubereiten. Dazu 1/2 Liter Apfelsaft mit drei Eßlöffeln Zucker aufkochen, sorgfältig 1 1/2 Eßlöffel Speisestärke darunterrühren, die man vorher mit Wasser angerührt hat, und die noch gefrorenen Beeren dazugeben. Fertig. Nun Milch oder Sahne darübergießen oder auch Joghurt, der mit etwas Honig gesüßt wurde.

Märchenküche

Aus der Märchenküche bieten sich vor allem zwei Rezepte an: zunächst einmal der Salat mit dem schönsten Namen der Welt. Erinnern Sie sich? »Eines Tages stand die Frau an diesem Fenster und sah in den Garten hinab; da erblickte sie ein Beet, das mit den schönsten Rapunzeln bepflanzt war:

Und sie sahen so frisch und grün aus, daß sie lüstern ward, und das größte Verlangen empfand, von den Rapunzeln zu essen.« Wir wissen, daß sich aus diesen ganz normalen Schwangerschaftsgelüsten eine ziemlich düstere Geschichte entwickelte, die um ein Haar (beziehungsweise viele Haare) nicht gut ausgegangen wäre. Den Geschmack am Rapunzel- oder Feldsalat, der in manchen Gegenden auch Mausohr-Salat genannt wird, lassen wir uns trotzdem nicht verderben. Was schwerfällt. Denn auch der Feldsalat ist in den letzten Jahren dem Züchtungsfieber anheimgefallen. Weil es zu teuer ist, ihn auf dem Feld von Hand zu stechen oder zu schneiden, gibt es heute eine farb- und geschmacksarme Treibhausvariante. Wer auf dem Markt oder beim Bauern noch die dunkelgrüne Urform entdeckt, bei der die Blättchen als kleine Büschel zusammenhängen, sollte zugreifen.

Die Zubereitungsmethoden sind vielfältig. Der gut geputzte **Rapunzel** kann mit einer einfachen Vinaigrette aus Öl (3 bis 4 Eßlöffel), Weinessig (1 Eßlöffel), Salz und Pfeffer angerichtet werden, die in diesem Fall durch feingehackte Zwiebeln gewinnt.

Sehr gut schmeckt es, wenn über den Salat gehackte, hartgekochte Eier gestreut werden. Auch in Scheiben geschnittene Champignons oder ausgebratene Speckwürfel passen dazu und schließlich kann ihm ein Hauch Knoblauch nicht schaden. Für 4 Personen braucht man 200 Gramm Feldsalat. Zusammen mit einem Butterbrot ist das eine kleine Abendmahlzeit. Der Salat scheint übrigens hübsche Namen anzuziehen: Mit Speckwürfeln zubereitet heißt er am Bodensee »Ritscherle«.

Ein anderes Märchengericht wird kleinen Leckermäulern gefallen: der süße Brei. Er wird, so erzählen die Brüder Grimm, einem armen frommen Mädchen als Dauerspeise zuteil. Sagt sie zu ihrem verzauberten Kochtopf: »Töpfchen koche«, so legt der los und hört nicht eher wieder auf, als bis jemand befiehlt: »Töpfchen steh!« Das geht solange gut, bis eines Tages die Mutter das Töpfchen benutzt und nicht mehr weiß, wie man den Vorgang beendet. Der weitere Verlauf des Märchens macht eindringlich klar, daß man seine Kochtöpfe nicht verleihen soll, jedenfalls nicht ohne Gebrauchsanweisung. Hier das Rezept für den märchenhaften **Hirsebrei**:

250 Gramm Hirse werden gewaschen und in einen halben Liter kochendes Wasser gestreut. Aufkochen und anschließend 15 bis 20 Minuten bei

Gerichte und Geschichten **163**

geringer Hitze garen lassen. Dann ein Töpfchen süße Sahne, 1 bis 2 Eßlöffel Honig und eine Prise Salz dazugeben. 5 Minuten weiterquellen lassen und mit Kompott servieren.
Eine andere, sehr leckere Version: Hirsebrei herstellen wie beschrieben, dann 100 Gramm Sahne mit 2 Eßlöffeln Honig und einem halben Teelöffel Zimt steifschlagen. Diese Sahne rührt man unter den abgekühlten Hirsebrei.

Phantastische Küche

Phantasievoll sind jedoch nicht nur Gerichte aus Geschichten. Viele traditionelle, regionale Speisen haben lustige, geheimnisvolle oder lautmalerische Namen. Wer für Kinder kocht, sollte sie sammeln und ihnen einen Stammplatz im Rezeptrepertoire geben. Kartoffelbrei und Apfelmus ist ein langweiliges Essen. **»Himmel und Erde«** – so heißt es im Rheinland – erzählt die Geschichte von Kartoffeln, die ja ursprünglich nicht aus den Plastikbeuteln im Supermarkt kommen, und von Äpfeln, an Bäumen gereift, die bis in die Wolken wachsen. Für 4 Portionen benötigt man 800 Gramm Kartoffeln und ebensoviele Äpfel. Die Kartoffeln werden in Salzwasser gegart, die Äpfel geschält, geviertelt, entkernt und mit je einem Eßlöffel Zucker und Zitrone bei kleiner Hitze gar gedämpft. 200 Gramm Zwiebeln werden geschält, in Streifen geschnitten und in 50 Gramm ausgelassenen, durchwachsenen Speckwürfeln hellgelb gebraten. Kartoffeln abgießen, dämpfen und zerstampfen. 200 Milliliter Milch mit 1 Eßlöffel Butter, Salz und Muskat erhitzen. Nach und nach zu den Stampfkartoffeln geben und mit dem Schneebesen gut unterrühren. Zum Schluß die weichen Äpfel zufügen und gut verrühren. Traditionell gibt es dazu einfache Blutwurst (auch Flöns genannt). Sie wird im Bratfett der Zwiebeln gebraten (die man vorher mit dem Speck aus der Pfanne genommen hat), dann auf das Mus gegeben und mit den Zwiebeln bedeckt.

Auch **»Pluckte Finken«** ist ein Gericht, dessen Name eine Geschichte hat. Im *Norddeutschen Küchenkalender* wird sie erzählt: Das Gericht geht auf die große Zeit bremischer Walfänger zurück. Der Hauptbestandteil war ursprünglich Speck vom Wal, in große Würfel gehauen (»gepluckt«). Diesen

Speck bezeichneten die Walfänger als »Vinken« – woraus später die »Finken« wurden. Das Gericht ist auch unter den Namen »Bremer Plockfinken« oder »Bunte Finken« bekannt. Wenn man die Äpfel wegläßt, heißt es **»Buntes Huhn«**.[41] So wird es heute gekocht – mit Äpfeln!

250 Gramm getrocknete weiße Bohnen werden am Vorabend in 1 1/2 Liter Wasser eingeweicht. 150 Gramm Zwiebeln in 30 Gramm Schweineschmalz glasig andünsten, darin 500 Gramm Kasseler Nacken anbraten, mit den Bohnen und der Einweichflüssigkeit begießen und zugedeckt kochen lassen. 500 Gramm Möhren, 375 Gramm Kartoffeln und 250 Gramm säuerliche Äpfel werden geschält und gewürfelt. Wenn das Fleisch gar ist, aus den Bohnen nehmen und warm stellen. In der Flüssigkeit zuerst die Möhren 15 Minuten kochen, dann Äpfel und Kartoffeln zufügen und weitere 15 Minuten garen. Mit Salz und Pfeffer abschmecken. Das Fleisch in Scheiben schneiden, in den Eintopf geben und mit der gehackten Petersilie servieren.

Ein letztes Beispiel für diese Art von Rezepten kommt aus Westfalen und zeigt, wie praktisch man dort mit Resten umzugehen versteht. Es ist die »**Grise Grete**«, eine Brotsuppe, die mit ihrem Namen ihre Farbe verrät.

Um sie herzustellen wird schwarzes und weißes altbackenes Brot – von beidem die gleiche Menge – zerbröselt, knapp mit Wasser bedeckt und mit braunem Zucker und Rosinen zerkocht. Dann wird der Topf vom Feuer genommen und frische, sehr kalte Butter hineingerührt, so daß eine dickliche Suppe entsteht, die sofort gegessen werden muß.

Höhepunkt der Phantasieküche ist ein Essen, das unter einem bestimmten Motto steht. So kann man zum Räuberlager bitten, zu Schneewittchens Hochzeitsmahl (bloß keine Äpfel!) oder zum Tanz der Vampire, bei dem der Johannisbeersaft in Strömen fließt. An der Vorbereitung dieses Essens werden sich die Kinder gerne beteiligen, das Ergebnis wird mit Freuden verspeist. Natürlich kann auch ein Riesen-Fest gefeiert werden. Es muß ja dazu nicht gerade Kotzgurken geben.[42]

Der Geschmack der Kindheit

Bei uns gab es zu Weihnachten immer ... Die Wahrscheinlichkeit ist groß, daß Sie beim Lesen diesen Satz in Gedanken zu Ende geführt haben. Nicht nur die Geschenke, die Lichter, die Stimmung eines solchen Festes sind unvergeßlich, sondern auch die besonderen Speisen, die bei dieser Gelegenheit gegessen werden. Essen und Feiern – das ist untrennbar miteinander verbunden. Durch Mahlzeiten werden nicht nur familiäre Gepflogenheiten weitergegeben, sondern auch kulturelle Traditionen. Der Geschmack der Kindheit bleibt als lebenslange Erinnerung an Geborgenheit, Widerstand oder Heimlichkeit, an Orte und Menschen, an vertraute Rituale und Höhepunkte des Jahres. Wenn es dazu noch eines Beweises bedurft hätte, dann hat ihn der Hamburger Volkskundler Andreas Hartmann geliefert. Im Frühjahr 1993 verfaßte er einen Aufruf, in dem er darum bat, persönliche Gaumenerlebnisse aller Art zu Papier zu bringen. Die Resonanz war überwältigend. Zeitungen, Rundfunk und Fernsehen berichteten über das Projekt, und der Wissenschaftler erhielt monatelang Stapel von Briefen aus allen Teilen der Republik, die ihn »durch ihre Innigkeit, ihren hintergründigen Witz und ihren melancholischen Ernst in ihren Bann zogen.«[30] »Meine Erinnerungen an Böhmen, an die Heimat, sind süß und unauslöschlich«, beginnt eine Zuschrift. »Ich schmecke immer noch die Liwanzen, rieche den Zimt der Napfelgötzen, und die Berge von Kirschknödeln werden stets mit der Erinnerung an unser großes altes Haus und den Garten verbunden sein.« Wie tief die Gefühle sind, die selbst mit scheinbar banalen Gerichten verknüpft sein können, zeigt folgender Brief: »Wenn ich den Geruch von ›heiler Welt‹ definieren müßte, würde ich sagen, daß sie wie Linseneintopf riecht. Und die kleinen schönen Dinge des Alltags sind dann die Kochwürste, die dem Ganzen so den richtigen Geschmack geben. Gehe ich noch weiter und tiefer in meinen Erinnerungen zurück, es wird also immer heiler und heiler, dann würde ich sagen, daß diese auf den ersten Blick ungewöhnliche Verknüpfung auf die Freitagnachmittage meiner Grundschulzeit zurückgeht. Der Freitag war nämlich der Tag, an dem die ganze Familie (vier Personen) gemeinsam zu Mittag aß. Die anderen Wochentage über kombinierte meine Mutter nur lustlos irgendwelche Greulichkeiten, aber in den freitäglichen Linseneintopf schien sie ihre ganze aufgestaute Liebe zu investieren.«

Nun ist es sicherlich nicht empfehlenswert, die meiste Zeit scheußlich zu kochen, damit die Kinder später gerne an die gelegentlichen Ausnahmen denken. Nachahmenswert ist dagegen die Pflege des Besonderen im Alltag oder im Wochenlauf. Kinder merken sich das sehr früh und freuen sich darauf. Das Sonntagfrühstück ist beispielsweise als Höhepunkt geeignet. In der Familie meines Bruders wird es mit schönem Geschirr, Kerzen und leiser Musik gefeiert. Für meine zweijährige Nichte ist allerdings das Wichtigste am Sonntagsfrühstück der Kakao, den sie nur an diesem Tag bekommt. Kaum sieht sie, daß ihre Eltern mit dem Sonntagsgeschirr hantieren, eilt sie auch schon mit ihrer Kakaotasse herbei.

Ganz nebenbei lernen Kinder durch solche Gewohnheiten, daß es nicht selbstverständlich ist, immer alles zu haben. Wenn wir schon zum Schaden der Umwelt und auf Kosten des Geschmacks die Natur so weit überlistet haben, daß wir das ganze Jahr lang Erdbeeren essen können, dann gelingt es uns vielleicht durch liebenswerte Familientraditionen, die Lust an der Einschränkung weiterzugeben.

Ein jedes Fest hat auch sein Essen

Mehr noch als der Alltag sind dazu die großen Ereignisse im Jahreslauf geeignet, die seit jeher untrennbar mit gutem Essen verknüpft waren. Oft war es das Essen selbst, das Anlaß für ein Fest gab. So wird noch heute in Norddeutschland Anfang Mai der Tag gefeiert, an dem die ersten Matjesheringe des Jahres an Land gebracht werden – mit einem Matjesessen natürlich. »Desgleichen ist nicht zu vergessen: Ein jedes Fest hat auch sein Essen, – Und, was dabei das allerbeste, – Das ganze Jahr steckt voller Feste, – Die man aus Pflicht und mit Genuß – Durch Essen feiern kann und muß«, reimte Herrmann Mostar, der zusammen mit seiner Frau Katinka ein äußerst liebenswürdiges (und leider nicht mehr aufgelegtes) Kochbuch geschrieben hat: *Katherlieschens Kochbuch.*[31] Mit Rezepten und Geschichten führen die

Mostars ihre Leser durch 52 Wochen voll kulinarischer Sitten. Wenn sie sich dabei auch nicht ausdrücklich an Kinder wenden, so sind doch manche Bräuche dabei, zu denen Kinder bestimmt nicht nein sagen, zum Beispiel der, am 24. Juni Johannes den Täufer zu ehren. Weil er unter anderem der Schutzpatron des Sommerobstes ist, werden an seinem Geburtstag Obstknödel gegessen, eine Speise, für die es ohnehin kaum ein geeigneteres Datum gibt als den 24. Juni. Für alle, die sich diesen Brauch zu eigen machen wollen, ist hier das Rezept für **Obstknödel:**

1 Kilo mehligkochende Kartoffeln (keine neuen, da sie zuviel Wasser enthalten) wird in der Schale weichgekocht, geschält und durch die Kartoffelpresse gedrückt. Dazu werden zwei Eidotter oder ein ganzes Ei gegeben, sowie zwei Eßlöffel Grieß, 250 bis 300 Gramm Mehl, ein Teelöffel Salz und etwas geriebene Muskatnuß. Den Teig mit den Händen gut durchkneten, 1/2 Stunde ruhen lassen und dann zu einer langen Wurst rollen. Er wird in fingerdicke Scheiben geschnitten und mit Früchten gefüllt. Geeignet sind Aprikosen (je eine pro Kloß), Kirschen (je drei), Johannisbeeren oder Heidelbeeren (je ein gehäufter Teelöffel). Aprikosen und Kirschen werden vorher entkernt, so daß die Fruchthälften noch aneinanderhängen. Statt des Kerns wird ein bzw. bei Kirschen 1/2 Stück Zucker hineingefüllt. Die Beeren werden mit ein wenig Zucker überstreut. Jetzt die Teigscheiben mit bemehlten Händen zu runden Knödeln drehen, die zehn Minuten lang in leise kochendem Salzwasser gegart werden. Gut abtropfen lassen und in einer Mischung rollen, die aus in Butter gebräunten Semmelbröseln und 50 Gramm geriebenen Haselnüssen besteht. Mit gesiebtem Puderzucker bestäuben und mit etwas brauner Butter servieren.

Auf Begeisterung stoßen dürfte auch ein Brauch, der in vielen Gegenden am Dreikönigstag gepflegt wird, der **Bohnenkuchen.** Er kann nach sehr unterschiedlichen Rezepten gebacken werden, doch überall wird eine Bohne oder eine geschälte Mandel in den Teig gesteckt. Wer sie findet, ist für den Rest des Tages König oder Königin, darf den ganzen Nachmittag bestimmen, was gespielt wird und nimmt zum Abendessen hochherrschaftlich auf einem geschmückten Stuhl Platz. Sollte der Finder ein Erwachsener sein, so ist zwar nicht ganz stilecht, aber durchaus erlaubt, wenn er sich einen kindlichen Mitregenten sucht. Weil die Rezeptur des Königskuchens nicht streng festgelegt ist, spricht nichts gegen eine vollwertige Ausführung. In dem Büchlein *Rezepte für die Vollwertküche*[32] findet sich eine sehr schmackhafte Variante. Dazu werden 250 Gramm Butter, 200 Gramm Honig oder Zucker, 5 Eier, das Mark einer Vanillestange und eine Messerspitze Salz schaumig gerührt. Nach und nach werden 400 Gramm Weizenvollkornmehl, unter das man zuvor 1/2 Päckchen Backpulver gemischt hatte, sowie 125 Milliliter Milch, je 100 Gramm Rosinen und Korinthen und natürlich die geschälte Mandel dazugerührt.

Der Teig – er darf nicht fließen, sondern muß reißen – wird in eine gefettete Kastenform gefüllt und bei 170 Grad 75 Minuten lang auf der untersten Schiene gebacken. Da dieser Kuchen 18 Stücke ergibt, und weil es dem Charakter dieses Festes ohnehin mehr entspricht, sollte man dazu unbedingt Freunde einladen.

Neben den Festen, die in jeder Familie gefeiert werden wie Weihnachten oder Ostern, und den alten Bräuchen, die es wieder zu beleben lohnt, kann natürlich jeder Tag des Jahres, mit dem man etwas verbindet, zu einem Fest ernannt werden. Der Frühlingsbeginn kann mit einer Kräutersuppe gefeiert werden, der 1. Juni mit der ersten Schüssel Erdbeeren oder der 27. Oktober (es kann auch der 26. oder 28. sein) mit duftenden Bratäpfeln und gebratenen Kastanien. Feiern Sie, wie Sie es mögen. Essen Sie etwas Gutes dazu. Und seien Sie sicher, daß Ihre Kinder als Erwachsene davon erzählen werden.

Anmerkungen

1 Hannah Lothrop, *Das Stillbuch*, Kösel, München, 20. Auflage 1995
2 *Von Anfang an*, Informationen und Tips zur Säuglings- und Kleinkinderernährung, Hrsg.: Deutsche Gesellschaft für Ernährung, Frankfurt am Main, 2. Auflage 1994, Seite 16
3 *Gesunde Ernährung von Anfang an*, Hrsg.: Verbraucherzentrale Hamburg u.a., Große Bleichen 23, 20354 Hamburg, 9. komplett überarbeitete und erweiterte Auflage 1994
4 *Von Anfang an*, a.a.O., Seite 14
5 *Kinderernährung*, Hrsg.: Katalyse Institut, Kiepenheuer & Witsch, Köln 1987, S. 75
6 *Gesunde Ernährung von Anfang an*, a.a.O., S. 27
7 *Gesunde Ernährung von Anfang an*, a.a.O.
8 *Empfehlungen für die Ernährung von Säuglingen*, Hrsg.: Forschungsinstitut für Kinderernährung, Dortmund, 1993, zu beziehen über Deutsche Gesellschaft für Ernährung, Im Vogelsang 40, 60488 Frankfurt am Main
9 *Von Anfang an*, a.a.O., S. 19
10 *Gesunde Ernährung von Anfang an*, a.a.O., S. 50 f
11 Cornelia Julius: *Die Leute im Hause Balthasar. Eine Kaufmannsfamilie um 1700 in Nürnberg*, Beltz, Weinheim und Basel 1984, S. 45
12 Udo Pollmer u.a.: *Prost Mahlzeit! Krank durch gesunde Ernährung*, Kiepenheuer & Witsch, Köln 1994, S. 56
13 Volker Pudel: *Ketchup, BigMac, Gummibärchen. Essen im Schlaraffenland*, Quadriga, Weinheim 1995, S. 83
14 *Ernährungsbericht 1992*, Hrsg.: Deutsche Gesellschaft für Ernährung, Frankfurt am Main, S. 68
15 Erhard Gorys: *Das neue Küchenlexikon. Von Aachener Printen bis Zwischenrippenstück*, dtv, München, Überarbeitete Neuausgabe 1994, S. 108
16 *Prost Mahlzeit*, a.a.O., S. 101 f
17 Anna Dünnebier/Gert v. Paczensky: *Leere Töpfe, volle Töpfe. Die Kulturgeschichte des Essens und Trinkens*, Knaus, München 1994, S. 32
18 Erhard Gorys: *Das neue Küchenlexikon*, a.a.O.
19 Vegetarier-Bund Deutschlands e.V., Blumenstr. 3 30159 Hannover
20 *Empfehlungen für die Ernährung von Klein- und Schulkindern*, Forschungsin-

stitut für Kinderernährung Dortmund, 1994, zu beziehen über Deutsche Gesellschaft für Ernährung, Im Vogelsang 40, 60488 Frankfurt am Main

21 *Bärenstarke Kinderkost*, Hrsg.: Verbraucherzentrale Nordrhein Westfalen u.a., Mintropstr. 27, 40215 Düsseldorf, 1994
22 *Gesunde Ernährung im Kindergarten*, Aktionshandbuch für Vorschule und Kindergarten, Hrsg.: Stiftung Verbraucherinstitut Berlin, Reichpietschufer 74-76, 10785 Berlin und Bundeszentrale für gesundheitliche Aufklärung, Ostmerheimer Str. 200, 51109 Köln
23 Volker Pudel: *Ketchup, BigMac, Gummibärchen*, a.a.O.
24 Elisabeth Dessai: *Kinderfreundliche Erziehung in der Stadtwohnung*, Fischer, Frankfurt 1983
25 Armin Roßmeier: *Fit mit Biß. Ernährungsfragen auf den Punkt gebracht*, Mary Hahn, München 1994, S. 107 f
26 Eckart Witzigmann: *Meine hundert Hausrezepte*, Südwest Verlag, München, 4. Auflage 1986, S. 99
27 *Ferien auf dem Bauernhof*, Landschriften-Verlag, Heerstraße 73, 53111 Bonn
28 *Fit durch Deutschland. 600 Restaurants und Hotels mit Naturküche*, Gourmet Natur, Hans-Nietsch-Verlag, Waldfeucht 1994
29 Barbara Rütting: *Koch- und Spielbuch für Kinder*, Goldmann, München 1993
30 *Zungenglück und Gaumenqualen. Geschmackserinnerungen*, gesammelt und herausgegeben von Andreas Hartmann, Beck, München 1994, verschiedene Stellen
31 Hermann und Katinka Mostar: *Katherlieschens Kochbuch. Was gleich nach der Liebe kommt.* Ullstein, Berlin 1971, S. 146 f
32 *Rezepte für die Vollwertküche*, Hrsg.: Verbraucher Zentrale, Düsseldorf, S.32
33 Jutta Grimm: *Vegetarisch grillen*, Pala Verlag, Darmstadt, 3. Auflage 1994
34 Jutta Grimm, ebd.
35 Roald Dahl: *Sophiechen und der Riese*, Rowohlt, Reinbek 1990
36 Astrid Lindgren: *Pippi Langstrumpf*, Oetinger Verlag, Hamburg 1986
37 A.A. Milne: *Pu der Bär*, Dressler, Hamburg 1989, S. 144
38 Sybil, Gräfin Schönfeldt: *Heidis Braten*, in spielen & lernen
39 Gerdt von Bassewitz: *Peterchens Mondfahrt*, dtv, München, 4. Auflage 1983, S. 43
40 Janosch: *Oh, wie schön ist Panama*, Beltz Verlag, Weinheim und Basel, 7. Auflage 1980
41 Metta Frank/Marieluise Schultze: *Der Norddeutsche Küchenkalender. Kochen und genießen im Lauf der Jahreszeiten*, Südwest-Verlag, München 1994, S. 244

42 Roald Dahl: *Roald Dahls Rotzfreche Rezepte*, Rowohlt, Reinbek 1995
43 Verbraucher Initiative, Breite Str. 51, 53111 Bonn
   Slow Food Deutschland e.V., Frohschammerstr. 14, 80807 München,
   EfuN Eltern für unbelastete Nahrung, Königsweg 7, 24103 Kiel,
   Bund für Umwelt und Naturschutz Deutschland e.V., Im Rheingarten 7, 53225 Bonn

Alle Rezepte auf einen Blick

Artischocken 150
Aufläufe 73 f
Avocado-Brotaufstrich 118

Bananencreme 111
Bohnenkuchen 168
Buchweizengrütze 89, 93
Buntes Huhn 164

Curry-Huhn 105

Eintöpfe 76
Endivien 77

Fisch 102
Fisch (Rezept vom kleinen Bären) 161
Fleischsoße 91
Fondues 153 ff
Frischkornbrei 79

Gazpacho 97
Geburtstagsbuffet 155 f
Gefüllte Pfannkuchen 86
Gefüllte Zucchini 119
Gefülltes Gemüse 99, 119
Gemüsefondue 154
Gemüsesoße 90
Gewürz-Püree 80
Grießauflauf 93
Grießbrei 92
Grise Grete 165
Grütze 93

Herzoginkartoffel 83
Himmel und Erde 163
Hirsebrei 162
Hirsetöpfe 76
Hühnchen auf Knoblauch-Kräuterbett 138

Joghurt-Quark-Speise 139

Karottenpüreesuppe 97
Kartoffelpuffer 82
Kartoffelsalat 83
Kartoffel-Möhren-Topf 77
Käse-Birnen-Salat 121
Käse-Sahne-Soße 91
Ketchup 112
Krabbensalat 103
Krabben-Quark-Creme 103
Kräuterkartoffeln 81
Kräuterpfannkuchen 86

Lammtopf mit Gemüse 105
Lauchsuppe 96
Linsensuppe 78

Maiskolben 150
Milchreis 92
Milch-Nudeln 92
Möhrenkuchen 98
Montagstoast 89

Obstknödel 168
Obstsalat 111
Obstsalat am Spieß 152

Paprikagemüse 120
Pastinaken 99
Pellkartoffeln mit Quark 87
Pfannkuchen-Pizza 87
Pfirsich (Errötende Pfirsiche) 122
Pilze (Rezept vom kleinen Bären) 161
Pizza 94
Pluckte Finken 163
Polenta 120
Popcorn 150
Porridge 158

Quarkkeulchen 84

Rapunzelsalat 162
Reistöpfe 75
Rhabarbergrütze 158
Rohkost 101
Rote Bete Salat 123

Salat 101
Salatsoße 100 f
Sauerkraut-Kartoffeln 82
Schokoladenfondue 154
Schweinefilet (gefüllt mit Pesto) 139
Schweizer Käsebraten 159
Spaghetti mit Tomatensoße 122
Steckerlbrot 153

Tomatensoße 90
Topfenpalatschinken 160

Überbackene Kartoffeln 82
Überbackene Toasts 88

Vollkornbrötchen 79
Vollkornspätzle 90

Waldbeerenkompott 161

Zwieback mit Milch 92

1000 TOLLE TIPS

Der Alltag mit Kindern birgt zahlreiche Situationen, die Ideenreichtum oder pädagogisches Wissen erfordern. Dieser Ratgeber enthält jede Menge praktischer Tips, das Familienleben streßfreier zu gestalten.

367 S. Zahlr. Illustr. von Jan Birck. Kart.
ISBN 3-466-30387-7

Stell Dir vor, Du liegst im warmen Sand...

Else Müller im Kösel-Verlag:

Träumen auf der Mondschaukel
Autogenes Training mit Märchen und Gute-Nacht-Geschichten
126 Seiten. Gebunden.
ISBN 3-466-30350-8

Zum beliebten Buch die beiden MC's:
Träumen auf der Mondschaukel
Titel-Nr. 3-466-45432-8

Die kleine Wolke
Titel-Nr. 3-466-45433-6

Inseln der Ruhe
Ein neuer Weg zum Autogenen Training für Kinder und Erwachsene
144 Seiten. Gebunden.
ISBN 3-466-30373-7
Dazu die MC: **Inseln der Ruhe**
Titel-Nr. 3-466-45437-9

Die Tonträger zu den erfolgreichen Fischer-Taschenbüchern:

Auf der Silberlichtstrasse des Mondes
Autogenes Training mit Märchen und Musik
MC Titel-Nr. 3-466-45444-1
CD Titel-Nr. 3-466-45445-X

Du spürst unter deinen Füssen das Gras
Autogenes Training mit Phantasiereisen und Musik
MC Titel-Nr. 3-466-45446-8
CD Titel-Nr. 3-466-45447-6

Phantasie- und Märchenreisen führen in die Welt der Phantasie und fördern die Kreativität. Sie bewirken Entspannung und tiefe Ruhe durch die eingebundenen Formeln des Autogenen Trainings. Wegen ihrer beruhigenden und erholsamen Wirkung haben sich diese Geschichten auch als wirkungsvolle Einschlafhilfe bewährt. Darüber hinaus können die Geschichten auch von Erzieherinnen und Gruppenleiterinnen als farbige und zugleich beruhigende Märchen eingesetzt werden.
Auf den Tonträgern liest Else Müller die Geschichten und wird dabei von Improvisationen auf einer Flöte bzw. auf der Gitarre begleitet.